Méthodes comparées d'évaluation des titres financiers

Une étude comparative des performances prévisionnelles des modèles

CAPM (MEDAF) et Arrow Debreu

(1985-2014)

Marc Elie Ostainvil

Ce livre papier est imprimé aux États-Unis par CreateSpace, South Carolina, North Charleston.

Copyright © 2016 Marc Elie Ostainvil

Tous droits de reproduction, d'adaptation et de traduction intégrale ou partielle réservés pour tous pays. L'auteur est seul propriétaire des droits et responsable du contenu de ce livre.

À Yvette, Emmanuelle, Mischma, Liza, Andy, Fedner, Judes, Monika et Ahmed pour leur soutien moral inconditionnel et leur encouragement…

Table des matières

Remerciements, 6

Résumé du travail de recherche, 8

1. Introduction, 12

2. Matériel et méthodes, 24

    2.1.   Le modèle d'Arrow Debreu (A-D), 25

    2.2.   L'algorithme proposé pour évaluer le modèle d'Arrow-Debreu, 39

3. Données du travail et les différents états de la nature, 47

4. Résultats, 51

5. Conclusion, 60

Annexe, 63

Appendice, 71

    Appendice 1: Définition des concepts, 72

    Appendice 2 : Le modèle de Black-Scholes, 91

    Appendice 3 : Le modèle CAPM ou MEDAF, 107

Références, 114

Remerciements

J'adresse mes remerciements aux différentes personnes qui m'ont aidé à réaliser ce travail de recherche. En tout premier lieu, mes remerciements vont tout droit à madame Céline Gauthier, PhD, responsable du programme de deuxième cycle en finance à l'UQO qui n'a jamais marchandé son temps et ses efforts pour me soutenir, me guider et m'aider à trouver des solutions tout le long de ce travail. Je remercie également le professeur d'ingénierie financière au programme de maîtrise en économie financière à l'UQO, en l'occurrence, monsieur Saïd Boukendour, qui nous a initié aux principaux termes de la finance notamment le mouvement brownien, le lemme d'Itô, le processus de Wiener, le modèle de Black-Scholes, les modèles binomiaux et multinomiaux pour évaluer les prix des options européennes ou américaines. Je remercie aussi monsieur David Tessier PhD, professeur d'économétrie avancée, qui a été disponible pour répondre à quelques unes de nos questions de statistiques et d'économétrie lors du choix de travail de recherche, particulièrement celles ayant trait aux tests statistiques, dans un travail de recherche. Il nous a grandement aidé dans le choix des critères permettant de procéder à la comparaison de la performance prévisionnelle des deux modèles choisis. Finalement je tiens à remercier tous les membres de ma famille qui, tous et toutes, d'une manière ou d'une autre, m'ont toujours encouragé à avancer dans mes études supérieures. À vous tous et à vous toutes, mes remerciements.

Résumé du travail de recherche

Il s'agit d'une étude comparative de la performance prévisionnelle de deux modèles bien connus dans le domaine de la finance, à savoir le modèle CAPM ou MEDAF et le modèle d'Arrow-Debreu qui tient compte de l'évaluation du rendement d'un titre contingent, appelé titre d'Arrow-Debreu, en absence d'arbitrage. Notre travail se limite à la comparaison du pouvoir prédictif des modèles CAPM et Arrow-Debreu. Nous utilisons deux critères pour déterminer lequel de ces deux modèles est vraisemblablement le plus performant au cours de la période choisie et pour 10 titres déterminés. Nous proposons à cet effet, un algorithme original pour estimer le rendement d'un titre à l'aide du modèle d'Arrow-Debreu. Pour cela Breden et Lutzenberger (1978) et Banz et Miller (1978) ont utilisé le modèle d'évaluation des options de Black-Scholes pour estimer le prix des titres contingents. Le CAPM, une fois le rendement conditionnel moyen fixé pour chaque état de la nature, a servi à évaluer le rendement du titre dans chacun des états possibles de la nature. On trouve pour une année donnée, le rendement d'Arrow Debreu pour le titre i choisi noté R_{AD}^i dans tout le document, en faisant la somme sur l'ensemble des états possibles du produit du rendement du titre contingent à un état donné de la nature et de la probabilité d'occurrence de cet état. Le CAPM est aussi utilisé séparément pour estimer annuellement le rendement du même titre i. Pour comparer le degré de performance prévisionnelle d'un modèle par rapport à un autre, nous avons utilisé les critères de MAE (Écart absolu moyen en français) et de RMQE (Racine Écart Quadratique moyen en français) que nous définirons plus bas. Le modèle présentant un MAE ou un RMQE le plus faible est considéré comme ayant la meilleure performance prévisionnelle des prix des titres choisis pour la période 1985-2014. À cet effet, nous avons choisi pour mener cette recherche dix (10) titres sur le marché américain durant la période 1985-2014. Nos résultats ont démontré que pour l'ensemble des titres et la période considérés, le modèle CAPM s'est révélé dominant selon les deux critères RAE et RMQE. Dans notre travail, la moyenne des écarts obtenue pour les deux critères étant moins importante pour le modèle CAPM que celle trouvée pour le modèle d'Arrow Debreu pour la majorité des titres choisis, on pourrait conclure que le modèle CAPM serait plus performant que le modèle d'Arrow-Debreu (ou du moins l'algorithme simple proposé pour évaluer le rendement d'Arrow-Debreu) pour évaluer le rendement des prix des titres.[1] En d'autres termes, pour évaluer le rendement d'un titre donné, le modèle CAPM fournirait vraisemblablement des résultats plus proches de la moyenne des valeurs observées des titres que l'algorithme d'estimation du modèle d'Arrow-Debreu.

Mots clés : modèle de Black-Sholes, modèle CAPM, modèle d'Arrow-Debreu, titres contingents, absence d'opportunités d'arbitrage, distribution normale, Écart absolu moyen (MAE), racine écart quadratique moyen (RMQE).

---

[1] De nombreux algorithmes très sophistiqués ont été proposés dans la littérature récente pour estimer le prix des titres d'Arrow-Debreu. Notre objectif pour ce travail était de comprendre l'intuition derrière le modèle D'Arrow-Debreu et non de passer en revue ces algorithmes récents dont la compréhension aurait exigé des connaissances mathématiques supérieures.

1. **Introduction**

Puisque notre travail cherche à comparer la performance prévisionnelle de deux modèles d'évaluation des titres boursiers, nous commencerons par un bref historique du développement de ces modèles. Les marchés financiers ont pendant longtemps été l'objet de modèles probabilistes. Ils ont pour base la loi "normale", dite loi de Gauss qui utilise par exemple des expériences aléatoires binaires se soldant soit par un succès, soit par un échec. D'abord utilisé au début du 20ème siècle, le modèle gaussien a pour objet d'expliquer les variations de prix du marché boursier. Louis Bachelier, en 1900, dans sa thèse doctorale intitulée « Théorie de la spéculation », a été en effet le premier à utiliser les lois de probabilités, plus particulièrement la loi gaussienne, pour évaluer les actifs financiers sur le marché de la bourse. Vers les années 1920, des mathématiciens célèbres notamment Norbert Wiener (1894-1964) ont pu arriver à entreprendre une analyse rigoureuse du mouvement brownien[2]. Nous développerons plus en détails ce mouvement connu aussi sous le nom de processus de Wiener qui utilise l'approche probabiliste pour aboutir à des calculs stochastiques menant à des processus stochastiques dénommés plus communément sous le nom de martingales. Depuis, le travail de Wiener

---

[2] Vers 1905, Einstein et M. Von Smoluchowski étudient pour la première fois et de façon indépendante, le comportement des particules agitées par le mouvement décrit en 1928 par le botaniste anglais Robert Brown, d'où le nom du mouvement brownien. Des chercheurs s'attellent à démontrer que l'utilisation d'un modèle physique fondé sur le mouvement brownien n'est qu'une approximation grossière pour décrire le mouvement des prix des actifs sur le marché boursier. Le mouvement brownien caractérise un milieu à entropie (degré d'incertitude) maximale. Enfin le mouvement brownien fait référence à un espace hermétiquement fermé. Il correspond en effet à des marchés où les choix sont totalement aléatoires. Dans cette optique, il est logique de supposer que les investisseurs diversifient leur portefeuille pour mieux répondre à cette incertitude. D'un autre côté, il appert de constater que les marchés pratiquement ne fonctionnent pas de manière totalement aléatoire et tiennent compte dans leur comportement des informations financières externes, source qui tend à paniquer de façon sporadique les acteurs aboutissant à des résultats néfastes pour le système financier dans son ensemble. Le mouvement brownien, somme toute est nécessaire pour mettre sur pied des modèles d'évaluation des prix dans un environnement incertain mais, compte tenu de ses caractéristiques intrinsèques, se révèle, dans certains cas, très éloigné de la réalité des marchés financiers.

a inspiré les chercheurs dans le domaine de la finance, particulièrement pour prédire le fonctionnement des marchés des titres financiers en se servant d'un modèle aléatoire normal de type gaussien. Toutefois, en 1974, Benoit Mandelbrot dans sa théorie de la « rugosité » avait contesté la loi normale pour avoir constaté des fractales[3] en observant les prix du coton.

En 1954, Harry Markowitz, un économiste américain a proposé un modèle de gestion de portefeuille d'actifs basé sur la loi de Gauss qui lui vaudra le prix Nobel en 1990. Il s'agit d'un modèle de diversification efficiente de portefeuilles d'actifs financiers. Ce modèle expose comment un investisseur rationnel peut diversifier son portefeuille pour maximiser ses gains ou minimiser

---

[3] Une fractale désigne des objets dont la structure est invariante par changement d'échelle.

ses pertes à partir de l'établissement du prix d'un actif moyennant un niveau de prime de risque. Cette théorie qui utilise des concepts comme la frontière efficiente, le coefficient bêta, droite de marché des capitaux et droite de marché des titres, est mieux connue sous le nom de modèle d'évaluation des actifs financiers ou MEDAF ou CAPM en anglais. En appendice 3, nous présenterons en détails, ce modèle que nous utiliserons pour estimer les rendements des titres choisis pour notre travail de recherche.

En 1973, fut développé le modèle de Black-Scholes. Ce modèle, s'appuyant sur le processus et les calculs stochastiques, est utilisé pour valoriser les prix des options par Fisher Black et Myron Scholes. Myron Scholes et Robert Merton obtiennent le prix Nobel d'économie en 1997. La volatilité, le taux d'intérêt et le revenu des titres sous-jacents sont supposés constants.

Cependant, dans les décennies suivant ces travaux, les crises financières en Asie (1997) et plus récemment la crise financière de 2007 ont remis en question l'utilisation à outrance de ces modèles. Plus particulièrement, les hypothèses sous-tendant cette théorie, notamment le comportement du titre sous-jacent qui suit un mouvement brownien qui ignore la prise en compte de la dynamique réelle des marchés dans les calculs, ont été sévèrement critiquées.

Vers 1976, Ross développa le modèle d'évaluation par arbitrage (APT en anglais) pour combler certaines lacunes du modèle d'évaluation des actifs financiers où le rendement d'un actif était une fonction linéaire d'un facteur unique qui était le marché. Ce modèle propose donc de corriger certaines anomalies du MEDAF en incorporant des variables propres aux firmes qui tendraient à améliorer le pouvoir prédictif du modèle d'évaluation des actifs financiers. En clair, pour lutter contre l'instabilité des bêtas du MEDAF, le modèle APT prend en compte un certain nombre de facteurs macroéconomiques ainsi que la sensibilité du portefeuille à ces facteurs qui influencent le rendement des titres composant le portefeuille choisi.

En 1979 un cadre plus général de modélisation est développé par Mickael Harrison et David Kreps, se servant des produits basés sur des sous-jacents plus nombreux. À partir de ce moment, l'enseignement et la recherche en mathématiques financières se développent rapidement.

Selon Elroy et Massoud Mussavian (1999), le modèle d'Arrow-Debreu, développé vers la décennie 50, par l'américain Kenneth Arrow (Prix Nobel, 1972) et le français Gérard Debreu (Prix Nobel 1983) fut d'une très grande utilité pour l'économie financière dans la recherche de l'équilibre général. Ce modèle dénommé ADM (le M pour Lionel W. McKenzie malheureusement exclu du prix Nobel) met en évidence l'existence d'un équilibre pour une économie de marché dit complet. En d'autres termes selon ces auteurs, les différents marchés supposés interdépendants, sur lesquels sont transigés des actifs financiers concourent nécessairement à un système de prix qui satisfasse tous les agents économiques. En clair, selon les économistes, l'équilibre général sur le marché des titres est atteint, s'il existe sur tous les marchés, un mécanisme de prix qui aboutit à une répartition satisfaisante de titres financiers entre les différents agents économiques de telle sorte qu'aucun d'entre eux ne souhaite changer de situation (optimum de Pareto). Plus tard, des auteurs étendent le modèle en y incluant la question de l'incertitude dans la prise de décision des agents financiers. En économie financière, le modèle ADM, en se servant des titres dits Arrow-Debreu, a joué un rôle important dans la construction du modèle d'évaluation des actifs financiers notamment les options. Le titre Arrow–Debreu ou titre contingent est une variable aléatoire qui peut prendre des valeurs suivant différents états de la nature. Pour s'en convaincre, il convient de se fier à Franklin Allen (2001) qui indique clairement que les modèles d'évaluation des actifs sont généralement connus comme des cas particuliers du modèle néoclassique d'Arrow-Debreu. Dans la version traditionnelle du modèle ADM, seuls les ménages et les entreprises ont joué un rôle majeur dans l'allocation des ressources sur les différents marchés, lieux de partage de tous les risques; les intermédiaires financiers (les banques et les institutions financières) n'ayant joué aucun rôle. La version moderne, par contre met en avant le facteur d'actualisation stochastique qui intègre les titres contingents appelés tout court titres d'Arrow-Debreu, c'est-à-dire des titres qui prennent une certaine valeur si un spécifique état du monde est atteint, un (1) par exemple et 0 dans tous les autres états. Nous utiliserons également ce modèle pour évaluer les rendements des titres choisis et comparer les résultats trouvés à ceux du modèle CAPM en vue de déterminer finalement lequel de ces deux modèles est le plus performant en terme de prévision.

D'autres auteurs comme Cox, Ross et Rubinstein (1979), ont entrepris d'importants travaux utilisant les titres contingents pour évaluer les prix des options utilisés surtout en gestion de projets dans le calcul de la valeur actuelle nette des projets en se servant des options réelles.

Ce travail de recherche priorise finalement l'apport de Douglas T. Breeden et de Robert H. Litzenberger (1978) ainsi que Banz et Miller (1978) qui utilisent l'équation de Black-Scholes pour déterminer le prix des titres d'Arrow-Debreu. Un exposé détaillé de cette démarche est donné dans les pages qui suivent.

Ce travail a pour objectif de comparer la performance prévisionnelle de deux modèles financiers

CAPM et Arrow-Debreu pour la période 1985 – 2014. Pour ce faire, nous avons d'abord utilisé le CAPM pour faire une première prévision du rendement des titres. Dans un deuxième temps, nous avons proposé un algorithme permettant de prévoir le taux de rendement pour chaque année d'un titre financier à partir du modèle d'Arrow-Debreu. L'algorithme suggère une méthode d'estimation du prix des titres contingents, puis utilise le CAPM pour estimer le rendement attendu dans chacun des états possibles de la nature. Pour permettre au lecteur de bien comprendre le fil de nos idées, dans un premier temps, nous présenterons de manière détaillée et par ordre séquentiel le modèle d'équilibre général d'Arrow Debreu dans un marché concurrentiel. Ensuite, nous présenterons les différentes étapes de l'algorithme pour estimer le rendement d'Arrow-Debreu pour une année donnée. Nous présenterons finalement les résultats obtenus suivant les deux critères statistiques RAE et RMQE établis qui nous permettront de comparer vraisemblablement les deux modèles.

2. Matériel et méthodes

Cette section traite de la méthodologie utilisée pour répondre à la question posée tout le long de ce travail à savoir déterminer lequel des deux modèles de valorisation suivants est le plus performant en terme de prévisions des prix des titres financiers : le modèle CAPM ou le modèle d'Arrow Debreu? Pour les besoins de compréhension du travail, nous divisons cette section en deux sous-sections. Dans un premier temps nous présentons le modèle d'Arrow Debreu, les hypothèses qui le sous-tendent et les variables nécessaires pour établir le rendement d'Arrow-Debreu noté R_{AD}^i qui est le rendement d'un titre contingent i aux différents états de la nature s. En deuxième lieu, nous présenterons un algorithme de calcul du rendement d'Arrow-Debreu d'un titre. Pour des raisons d'espace, nous avons tenu à présenter le modèle CAPM en appendice. Nous précisons toutefois pour les lecteurs que le modèle CAPM en plus d'être un modèle à tester dans ce travail de recherche, est utilisé aussi pour estimer le rendement espéré des titres contingents à chaque état de la nature noté R_{si} qui rentre dans le calcul du rendement d'Arrow Debreu. Les détails de calcul sont présentés dans les lignes qui suivent.

2.1. Le modèle d'Arrow Debreu (A-D)

Dans les lignes suivantes, nous nous fixons comme objectif d'aller au-delà du problème des investissements d'un individu faits à partir de choix mutuellement exclusifs dans le but d'aborder un problème de portefeuille plus général qui concerne la décision du choix optimal d'investir dans plus d'un titre à risque. Cela revient au problème du choix de la distribution de probabilité individuelle, en fin de période, de la richesse qui est compatible avec l'ensemble des titres risqués disponibles et de la richesse initiale de l'individu. Le problème de choix de l'individu consiste donc à trouver cette combinaison de portefeuille ou une combinaison linéaire optimale des quantités d'actifs à risque, compte tenu de sa richesse initiale et de ses préférences. Nous supposons pour commencer que le marché des capitaux est parfait en vue de s'assurer que le coût de construction du portefeuille est nul.

L'incertitude et les états futurs alternatifs

Compte tenu du caractère temporel des actifs financiers, la décision de placement en valeurs mobilières d'un individu est déterminée en fonction de sa consommation souhaitée sur des intervalles de temps futurs. La notion du temps implique l'incertitude sur l'avenir et donc sur la valeur future d'un investissement d'actifs. D'un point de vue de l'entreprise émettrice et des investisseurs individuels, la valeur future donc incertaine d'un titre peut être représentée comme un vecteur de rentrées possibles (gains, pertes) à une date ultérieure. Le portefeuille individuel de placements renvoie à la matrice de gains possibles sur les différents titres qui composent le portefeuille.

Dans le modèle des titres contingents ou modèle d'Arrow-Debreu, l'incertitude rentre en ligne de compte par le fait que l'individu n'a aucune idée de ce que sera l'état de la nature dans le futur. Pour l'investisseur, une valeur de gains possibles est fixée, chacune associée à un état mutuellement exclusif de la nature. Une fois l'état incertain du monde révélé, le gain sur l'actif est déterminé de façon exacte. Ainsi, un actif représente une créance à un vecteur de paiements contingents aux différents états de la nature.

Prenons un exemple simple à deux résultats possibles correspondant au deux états possibles de la nature avec des probabilités π_1 et π_2 avec $\pi_2 = 1 - \pi_1$. Si l'état 1 est réalisé, un paiement est émis pour cet état et zéro paiement pour l'autre. Si c'est l'état 2 qui est réalisé, le joueur ou l'investisseur reçoit un paiement pour cet état et zéro pour le premier. La probabilité ainsi définie d'un état de nature correspond donc à la probabilité associée au paiement de l'actif en fin de période. Les états de la nature sont supposés prendre en compte les causes fondamentales de l'incertitude économique dans l'économie, par exemple l'état 1 pourrait représenter la paix et l'état 2 pourrait représenter la guerre, ou l'état 1 pourrait représenter la prospérité et l'état 2, la dépression. Une fois l'état de la nature connu, le gain de chaque titre à risque en fin de période est également connu. Il en résulte aussi que, une fois l'état de la nature connu, la richesse globale de l'individu en fin de période est également connue. En principe, il peut y avoir un nombre infini d'états de la nature et donc un nombre infini de gains en fin de période pour un actif risqué. Cet ensemble d'états doit respecter les propriétés critiques d'être mutuellement exclusifs et exhaustifs. Ce qui veut dire, d'abord qu'un et un seul état de la nature sera réalisé à la fin de la période, et que deuxièmement la somme des probabilités des états individuels de la nature est égale à l'unité.

Les hypothèses

Quelques hypothèses sous-tendent le modèle à titres contingents notamment:

1. Marché complet

L'équilibre du marché des capitaux exige que les prix du marché soient définis de sorte que l'offre égale la demande pour chaque titre. Dans le contexte de « l'état-préférence », une condition nécessaire à l'équilibre du marché exige que si deux titres ou portefeuilles ont mêmes vecteurs de gains contingents, ils doivent avoir un prix identique. Sinon, tout le monde voudrait acheter le titre ou le portefeuille ayant le prix le plus bas et de le vendre au prix le plus élevé. Cette condition est souvent appelé la loi du prix unique (LPU) des marchés.

2. Possibilité de non arbitrage

Une deuxième condition nécessaire pour obtenir l'équilibre du marché est l'absence de toute possibilité de profit d'arbitrage. En effet en vendant à découvert, un individu emprunte le titre auprès d'un propriétaire actuel et le vend ensuite immédiatement en toute sécurité sur le marché des capitaux au prix actuel. Puis, à une date ultérieure, l'individu se réfère au marché des capitaux et rachète le même titre au prix en vigueur et retourne le titre au prêteur. Si le prix d'actif a baissé sur la période de la vente à découvert, l'individu fait un profit; si son prix a augmenté, il ou elle subit une perte.

Dans un marché des capitaux parfaitement complet, le vecteur de gains de tous les actifs du marché peut être reproduit exactement par un portefeuille de titres purs ou titres contingents. Ainsi, il en résulte que lorsque la vente à découvert est autorisée, l'état de profits ou de bénéfices de non-arbitrage exige que le prix des titres du marché soit égal au prix d'une combinaison linéaire des actifs purs qui reproduit le vecteur de gain des titres du marché.

Déterminants économiques du prix d'un actif contingent

Pour bien comprendre les déterminants du prix d'un actif du marché, nous allons d'abord examiner ce qui détermine le prix des titres individuels purs. Dans un marché complet, ces déterminants sont de trois types:

1. préférences temporelles pour la consommation et la productivité du capital;
2. Les attentes quant à la probabilité qu'un état particulier du monde se produira;
3. les attitudes des individus envers le risque, compte tenu de la variabilité entre les états de la richesse globale de fin de période.

Pour comprendre comment 1. affecte les prix de l'actif, nous devons reconnaître que l'actif sans risque peut toujours être construit dans un marché des capitaux complet simplement en formant un portefeuille composé d'un titre pur pour chaque état. Ainsi le gain sur ce portefeuille est sans risque puisqu'en fin de période un dollar sera de toute façon si l'état du monde correspondant est réalisé. Supposons qu'on ait un portefeuille sans risque composé de trois titres contingents avec trois états de la nature de prix p_1, p_2, p_3. Supposons également que la somme des prix de ces trois titres individuels purs soit : $p_1 + p_2 + p_3 =$ 0,8, par exemple. Le prix d'une réclamation sans risque pour un dollar à la fin de la période est juste la valeur actuelle du dollar actualisé au taux sans risque r, à savoir:

$$\frac{1}{1+r} = p_1 + p_2 + p_3 \quad \text{ou} \quad \frac{1}{1+r} = \sum_{s=1}^{3} p_s$$

Le second déterminant du prix d'un titre pur renvoie aux croyances des individuels par rapport à la probabilité d'occurrence relative aux différents états. En principe, elles diffèrent d'un individu à l'autre. Cependant, le cas le plus simple est celui dans lequel tous les individus se mettent d'accord sur les probabilités relatives des états de la nature. Cette hypothèse est appelée hypothèse d'anticipations homogènes et implique qu'il existe un ensemble bien défini de probabilités d'état connues de tous les individus sur le marché des capitaux. Dans l'hypothèse d'anticipations homogènes, le prix d'un actif pur à l'état s noté p_s, peut s'écrire comme étant le produit de la probabilité de l'état, π_s, et θ_s, la valeur actualisée de 1\$ reçu dans l'état s. Donc, $p_s = \theta_s . \pi_s$. Cela découle du fait que l'actif pur paie un dollar seulement lorsque l'état s est réalisé. Ainsi, le gain attendu sur l'actif pur en fin de période est un dollar multiplié par la probabilité que se réalise l'état s en fin de période.

Une autre façon utile de voir ce point est de reconnaître que le prix d'un titre pur est égal à son flux attendu en fin de période actualisé à son taux de rendement attendu $E(R_s)$. Dans notre travail, nous remplaçons ce taux attendu par le taux conditionnel de rendement du marché à l'état s, ER_s^M. Et

$$p_s = \frac{\$1}{1+ ER_s^M} \cdot \pi_s$$
(1)

avec:

p_s : le prix actualisé d'un titre pur ou titre contingent à l'état s (i.e. qui donne 1$ si l'état s se

réalise et 0 sinon);

π_s: la probabilité que l'état s se réalise dans une période donnée et

ER_s^M: le rendement espéré du marché dans l'état s[4]

---

[4] Dans ce travail, ce rendement est assimilé au rendement moyen du marché (R_M) dans l'état s calculé à partir de la moyenne des deux bornes fixées pour chaque état de la nature. Une façon de calculer ce rendement est proposée dans la section présentant l'algorithme de calcul qui permet d'évaluer la performance des deux modèles choisis à savoir CAPM et Arrow-Debreu.

Le troisième déterminant des prix des actifs, et aussi l'une des causes que les prix différent, concerne les attitudes des individus envers le risque surtout quand la richesse agrégée varie à travers les états. En supposant que les individus sont averses au risque, ils diversifieront en investissant dans chaque actif pur pour s'assurer qu'ils ne sont pas à court d'argent si un état de la nature est réalisé plutôt qu'un autre. En fait si les v θ_s des flux espérés d'un dollar contingent à un état particulier qui se réalise, étaient les mêmes pour tous les états, alors chaque individu qui est averse au risque voudrait investir dans un nombre égal d'actif pur, ce en vue d'éliminer toute incertitude relative à sa richesse future.

L'équation (1) donne la probabilité π_s de la façon suivante :

$$\pi_s = p_s(1 + ER_s^M) \qquad (2)$$

Le rendement espéré d'un titre i donné, aussi appelé rendement d'A-D en supposant que l'état s est réalisé, est obtenu ainsi:

$$ER^i = \sum_{s=1}^{n} \pi_s \, ER_s^i \qquad (3)$$

Cela veut dire que le rendement espéré du titre i en question représente la moyenne pondérée des rendements espérés du titre dans chacun des états. Le CAPM est utilisé pour estimer le rendement espéré du titre choisi dans chacun des états:

$$\hat{R}_s^i = ER_s^i = r_f + [R_s^M - r_f]\hat{\beta}^i \qquad (4)$$

Finalement en remplaçant π_s par sa valeur dans (3) trouvée dans l'équation (2), nous pouvons réécrire l'équation (3) qui donne finalement le rendement d'Arrow-Debreu (R_{AD}^i), soit :

$$ER_{AD}^i = \sum_{s=1}^{n} p_s (1 + ER_s^M) \hat{R}_s^i \qquad (5)$$

2.2. L'algorithme proposé pour évaluer le modèle d'Arrow-Debreu

Le modèle d'Arrow-Debreu étant présenté, voici maintenant l'algorithme proposé pour calculer le rendement d'Arrow-Debreu. Il est constitué des 4 étapes suivantes:

2.2.1. Définition des états de la nature, choix des rendements moyens et calcul des P_s

Les états du monde sont aussi appelés états de la nature. Ce sont des événements importants mutuellement exclusifs et exhaustifs utiles pour le problème analysé. Par exemple, un programme qui fonctionne en été, en automne, en hiver et au printemps. Chaque saison ici est considérée comme un état du monde ou état de la nature. Dans le cadre de notre travail de recherche, un état de la nature s est défini comme un intervalle de valeurs préalablement fixées que peut prendre le taux de rendement du marché. Les états du monde peuvent représenter les différentes valeurs possibles que le rendement du marché, dans notre cas le rendement de l'indice S&P500 durant la période choisie, peut accuser dépendamment de la situation financière et économique. Compte tenu du fait que pour la période 1985-2014, le taux de rendement observé R pour l'indice S&P500 est situé dans la fourchette -38.49 et 34.11, nous avons opté pour un intervalle -40% et 50%. On écrit R ϵ [-40%, +50%] .Par exemple [-30%, -20%] peut être considéré comme un état de la nature et signifierait que pour cette situation de marché, le taux de rendement conditionnel peut prendre les différentes valeurs comprises entre -30% et -20% avec un rendement moyen conditionnel R_M de – 25 % (la somme de -30% et -20% divisé par 2).

Et les différentes valeurs qui vont constituer les états de la nature pour notre étude ainsi que celles du taux de rendement moyen conditionnel lié à chaque état sont présentées dans le tableau ci-contre:

États de la nature			Rend moyen Cond. R_s^M
1	-40%	-30%	-35%
2	-30%	-20%	-25%
3	-20%	-10%	-20%
4	-10%	0%	-5%
5	0%	10%	5%
6	10%	20%	15%
7	20%	30%	25%
8	30%	40%	35%
9	40	50%	45%

En général, le prix d'un titre contingent, c'est-à-dire un titre d'Arrow-Debreu qui paye 1$ quand le cours du marché à un moment donné t se situant entre E_s et E_{s+1} avec $E_s < E_{s+1}$, est donné par la formule P_s présentée à l'équation (6) ci-dessous. Une manière de calculer les différents E_s est donnée dans le tableau suivant :

États du monde	$E_s(\$)$	$E_{s+1}(\$)$
1	(1-0.40).1 = 0.60	(1-0.30).1 = 0.70
2	(1-0.30).1 = 0.70	(1-0.20).1 = 0.80
3	(1-0.20).1 = 0.80	(1-0.10).1 = 0.90
4	0.90	1
5	1	1.1
6	(1+0.10).1 =1.1	(1+0.20).1 = 1.20
7	1.20	1.30
8	1.30	1.40
9	1.40	1.50

Si le prix du sous-jacent suit une distribution log normale, Garman (1976), Breeden et Litzenberger (1978) et repris par Rolf W. Banz et Melton H. Miller (1978), ont montré que P_s, qui est le prix du titre contingent à l'état de nature s, aussi appelé titre pur de l'état s, peut être obtenu par la formule simple de Black-Scholes[5] :

$$p_s = e^{-rT}\{N[d_2(E_s)] - N[d_2(E_{s+1})]\} \qquad (6).$$

---

[5] Une façon simple de calculer les E_s et E_{s+1} est présentée à la section 2.2.1

avec $d_2(E_s) \equiv \left[-\ln E_s + \left(R_f - \frac{\sigma^2}{2}\right)T\right] / \sigma\sqrt{T}$, (7)

R_f: le taux de rendement sans risque,

σ: la volatilité du titre i pour la période T considérée comme la maturité du placement du titre i,

et E_s: la valeur de l'indice de marché dans l'état s.

Après avoir trouvé $d_2(E_s)$ et $d_2(E_{s+1})$ on utilise la table normale standard pour trouver $N[d_2(E_s)]$ et $N[d_2(E_{s+1})]$ et calculer p_s. Nous avons utilisé Excel pour faire ce calcul.

2.2.2. Calcul des rendements $\hat{R}_s^i$ par la méthode du CAPM

Nous calculons les rendements estimés pour chaque titre i et à chaque état de la nature s notés $\hat{R}_s^i$ en utilisant l'équation du modèle de CAPM développée en appendice 2 et aussi présentée à l'équation (4).

2.2.3. Calcul de la probabilité π_s que l'état s se réalise

Cette probabilité est donnée à partir de la formule suivante:

$$\pi_s = p_s \cdot (1 + R_s^M)$$

Avec $\sum_{s=1}^{n} \pi_s = 1$, la somme des probabilités dans tous les états de la nature étant égale à 1.

R_s^M : le rendement moyen conditionnel du marché à l'état s est présenté en 2.2.1

2.2.4. Calcul du rendement d'Arrow-Debreu R_{AD}^i

On calcule le rendement d'Arrow-Debreu à partir de la formule suivante : $R_{AD}^i = \sum_1^n \pi_s . \hat{R}_s^i$, n étant le nombre d'états de la nature. Une fois les calculs précédents effectués pour la période 1985-2014 et les titres choisis (dix en tout) dans le cadre de cette étude, il est facile finalement de comparer le rendement effectivement calculé avec le modèle du CAPM et celui obtenu à partir du modèle d'Arrow-Debreu. Après avoir calculé la différence entre l'écart de chaque rendement calculé par rapport au rendement observé sur le marché (les résidus), et en appliquant les deux critères établis à savoir l'erreur moyenne (MAE) et l'erreur quadratique moyenne (RMQE) sur ces résidus qui sont définis dans les lignes plus bas, on peut identifier lequel des deux modèles

CAPM et Arrow Debreu est le plus performant donc plus apte à déterminer le rendement le plus proche en moyenne du rendement réalisé ou observé sur le marché pour un titre donné. Après application de l'un ou l'autre de ces deux critères, donc le modèle qui présente la déviation ou l'écart moyen le plus faible sera considéré comme le plus performant.

3. Données du travail et les différents états de la nature

Nous avons choisi pour mesurer le rendement du marché l'indice synthétique SP500. C'est un indice boursier qui est géré par la société financière Standard and Poor's. Sa valeur prend en compte les 500 grandes sociétés cotées sur les bourses américaines. Le rendement du marché donc a accusé une valeur comprise dans la fourchette -38.49% et 34.11% au cours de la période 1985-2014. Le plus bas rendement a été observé en 2007, date qu'a débuté la crise financière occasionnée en particulier par une baisse généralisée des primes de risque (crise des subprimes) suivie d'une baisse des taux d'intérêt à long terme. Le rendement maximum du marché a été observé en 1996, un an avant la crise financière de 1997 connue sous le nom de crise économique asiatique due à l'effondrement de la monnaie thaïlandaise, le baht. Le taux sans risque utilisé est le bon 3 mois du Trésor américain à maturité un an.

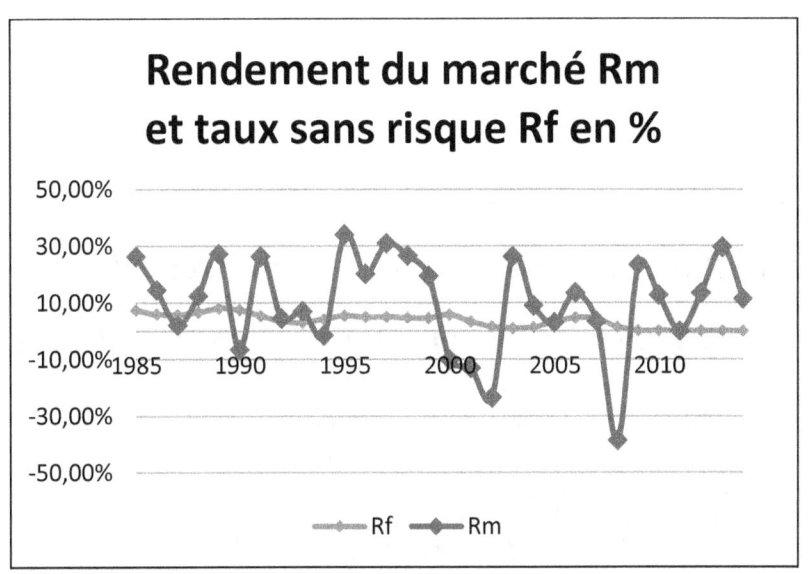

3.1. Rendement du titre General Electric (GE) et de Ford Motors

Pour notre étude, nous avons considéré dix (10) titres, tous américains. Le tableau (Annexe # 4) présente l'évolution du taux de rendement de chacun de ces titres pour la période 1985-2014. Toutefois, les rendements d'IBM, Hewlett Packard, de General Electric et de Ford Motors ont été présentés dans les graphiques ci-dessous. Le rendement qui a été le plus remarquable au cours de la période a été celui de Ford Motors accusant un taux de rendement en 2013 égal à environ 300%. Les informations sur les titres ont été collectées soit dans le site 1sotck1.com, soit dans le site de http://finance.yahoo.com/.

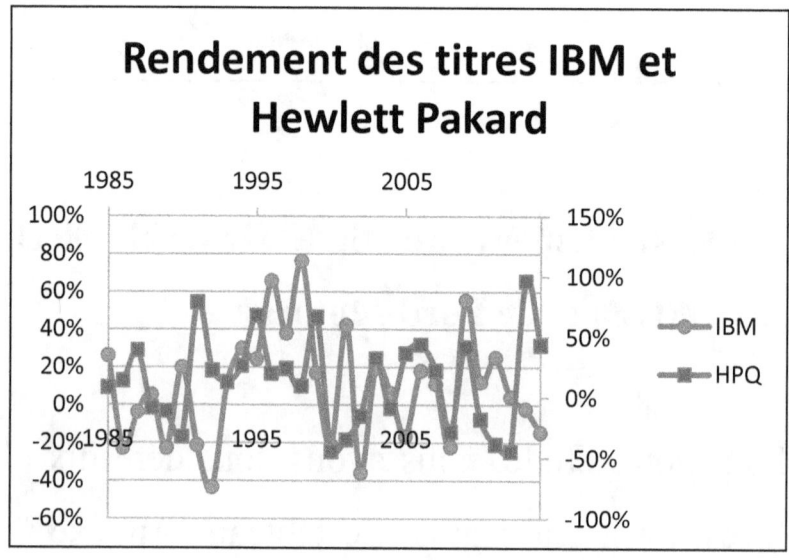

Fig. # 1

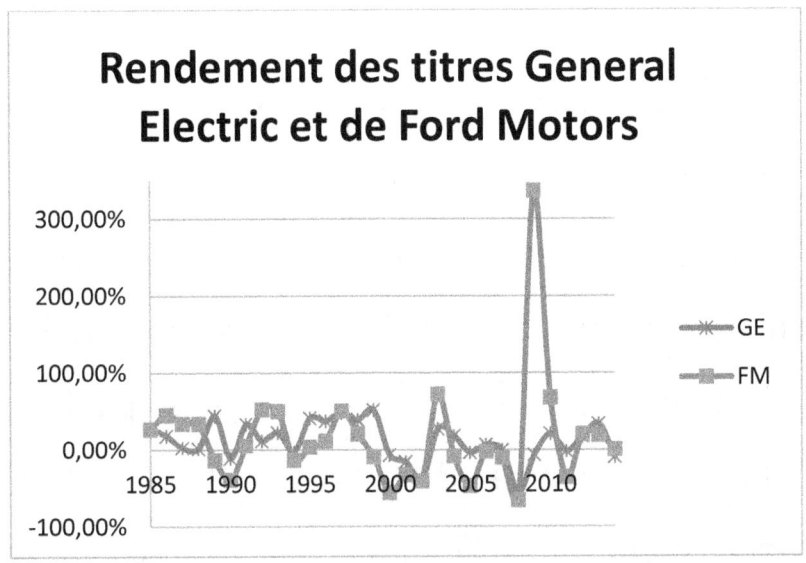

Fig. # 2.

4. Résultats

Pour les besoins de cette étude, nous présentons seulement dans cette section une analyse détaillée du titre IBM pour la période 1985-2014. Les résultats des autres titres seront confinés dans un tableau récapitulatif (Cf. tableaux #1 et 2). Dans un premier temps, nous analyserons statistiquement le prix du titre IBM, c'est-à-dire, nous essayerons de voir si la variable de rendement du prix du titre IBM de 1985 à 2014 suit une loi normale (annexe #1) en appliquant les deux tests de normalité Jaque-Bera et Shapiro-Wilk avec un seuil de signification de 5%. On pose comme hypothèse de départ H_0 que la série n'est pas normale. Les données des titres collectées étant normalement distribuées, on procède à l'estimation des rendements en utilisant les deux modèles : CAPM et Arrow-Debreu. Les rendements une fois obtenus, on utilise l'un ou l'autre des deux méthodes suivantes pour mesurer le pouvoir prédictif de chacun de ces modèles : soit la méthode de l'écart absolu moyen (MAE) soit la racine carrée de l'écart quadratique moyen qui correspond à la racine carrée de la variance du rendement estimé ou (RMQE). Le modèle qui présente l'écart moyen standard le plus faible - et donc le MAE ou le RMQE le plus faible -, représente le modèle le plus performant pour évaluer les prix des titres.

4.1. Test de normalité

Le test de normalité effectué sur la variable rendement du prix du titre de IBM pour un seuil de signification de 5% indique clairement (Cf. tableau ci-dessous) que le rendement de ce titre suit une distribution normale. Il passe largement les deux tests de normalité de Jarque-Bera et de Shapiro-Wilk au seuil fixé.

Test de normalité	Score	C.V.	P-Value	Pass?	5.0%
Jarque-Bera	0.48	5.99	78.8%	Vrai	
Shapiro-Wilk	0.97	#N/A	65.3%	Vrai	

4.2. Écart absolu moyen et racine écart quadratique moyen

Notre objectif tel que décrit dans les lignes précédentes est de comparer deux modèles habituellement utilisés dans le domaine de la finance pour évaluer les prix des titres financiers notamment le modèle CAPM et celui d'Arrow-Debreu. La démarche adoptée est d'estimer les rendements à partir de ces modèles. L'algorithme de calcul présenté à la section 2.2 permet d'estimer les rendements d'Arrow-Debreu pour la période 1985-2014. Pour mesurer le pouvoir prédictif des deux modèles, nous utilisons deux méthodes ou critères que nous présentons dans les lignes qui suivent : le MAE et la racine carrée du MQE ou RMQE.

4.2.1. Moyenne Valeur absolue des écarts (MAE)

La déviation absolue du rendement est la différence absolue entre le rendement estimé noté $\hat{R}$ (Restimé) et la valeur observée R de ce rendement sur le marché financier. Nous notons cette différence : $|\hat{R} - R|$. Et la formule donnant la moyenne de la valeur absolue des écarts est donnée ainsi : $\frac{\sum_1^n |\widehat{R_i} - R|}{n}$ i allant de 1 à n représente les années d'étude.

Le modèle qui présente pour un titre donné, la déviation moyenne la plus faible est considéré comme étant vraisemblablement le modèle le plus performant.

4.2.2. Racine carrée de l'erreur quadratique moyenne

L'erreur quadratique moyenne d'un rendement en statistique est aussi appelée risque quadratique. On la note en anglais MSE (Mean squared Error). Sa valeur est calculée par la formule suivante :

$$MSE((\hat{R}|R) = E[(\hat{R} - R)^2]$$

Et la racine carrée de cette déviation moyenne connue comme la racine carrée des carrés des résidus est calculée ainsi:

$\sqrt{\frac{\sum_1^n (\widehat{R_t} - R)^2}{n}}$ t variant de 1 à n (1985 à 2014 dans notre cas). Pour les deux méthodes, les calculs effectués dans Excel pour le titre IBM nous ont permis d'aboutir aux résultats suivants qui sont présentés dans les tableaux #1 et #2 ci-dessous. Les résultats obtenus, à l'exception des titres Caterpillar, Hewlett Pakard et Bank of America, nous indiquent que la méthode CAPM se révèle plus performant pour prédire le rendement d'un titre puisque dans la majeure partie des cas la valeur de la déviation moyenne obtenue pour les deux critères établis, MAE ou RMQE, est la plus faible que celle obtenue en utilisant le modèle d'Arrow-Debreu.

Tableau # 1
Tableau comparatif des deux modèles CAPM et Arrow-Debreu suivant les critères de MAE et RMQE 1985-2014 (Béta unique)

	Écart Absolu Moyen (MAE)		Observations	Racine écart quadratique Moyen (RMQE)		Observations
	CAPM	Arrow-Debreu	Modèle plus performant	CAPM	Arrow-Debreu	Modèle plus performant
IBM	20.51%	22.36%	CAPM	26.79%	29.03%	CAPM
GE	8.02%	19.81%	CAPM	11.65%	24.86%	CAPM
HP	18.80%	12.85%	Arrow-Debreu	25.01%	16.61%	Arrow-Debreu
FM	34.86%	40.73%	CAPM	62.53%	70.96%	CAPM
Apple	57.78%	61.13%	CAPM	78.65%	81.76%	CAPM
Intel Corp	28.52%	34.96%	CAPM	38.94%	46.21%	CAPM
World Disney	16.86%	25.47%	CAPM	22.85%	31.31%	CAPM
Caterpillar	18.97%	19.22%	CAPM	25.40%	27.86%	CAPM
ATT	12.98%	16.31%	CAPM	16.04%	21.31%	CAPM
B. Of America	24.69%	29.77%	CAPM	32.22%	38.40%	CAPM

Tableau # 2
Tableau comparatif des deux modèles CAPM et Arrow-Debreu suivant les critères de MAE et RMQE 1985-2014 (Béta annuel)

	Écart Absolu Moyen (MAE)		Observations	Écart quadratique Moyen (MQE)		Observations
	CAPM	Arrow Debreu	Modèle plus performant	CAPM	Arrow-Debreu	Modèle plus performant
IBM	22.16%	23.63%	CAPM	28.31%	29.26%	CAPM
GE	11.69%	20.65%	CAPM	17.65%	25.51%	CAPM
HP	27.92%	31.50%	CAPM	38.19%	38.07%	Arrow-Debreu
FM	36.38%	40.88%	CAPM	68.19%	71.47%	CAPM
Apple	56.26%	61.34%	CAPM	76.74%	82.04%	CAPM
Intel Corp	29.12%	35.30%	CAPM	41.85%	46.86%	CAPM
World Disney	18.92%	26.20%	CAPM	25.35%	32.28%	CAPM
Caterpillar	23.22%	19.35%	Arrow-Debreu	28.98%	28.05%	Arrow-Debreu
ATT	16.21%	16.61%	CAPM	22.19%	21.55%	Arrow-Debreu
BankOAmerica	39.50%	29.12%	Arrow-Debreu	51.21%	38.67%	Arrow-Debreu

5. Conclusion

Dans le cadre de ce travail de recherche, l'objectif poursuivi a été de déterminer, sans chercher à déterminer les causes, lequel des modèles CAPM et Arrow-Debreu est le plus performant en ce qui a trait à la prévision des rendements de titres cotés en bourse. Pour ce faire, nous avons pensé à présenter en détails un historique des travaux sur l'évaluation des titres en commençant par Louis Bachelier qui a étudié le problème en 1900 mettant en avant la loi gaussienne. Nous avons présenté dans un premier temps le modèle CAPM ou MEDAF qui tient compte de l'élasticité du taux de rendement espéré à la prime de risque (différence entre le taux de rendement du marché et le taux sans risque) noté aussi bêta pour évaluer le rendement d'un titre donné. En détails le modèle de Black-

Scholes est présenté en appendice. Ce modèle est utilisé par Banz-Miller puis par Breeden et Litzenberger pour mettre en avant le modèle d'Arrow-Debreu qui en fait permet d'évaluer le rendement d'un titre contingent aussi appelé titre d'Arrow-Debreu. Les méthodes MAE et RMQE appliquées aux données statistiques des titres choisis pour notre étude nous ont permis de conclure que le modèle CAPM, aurait pour l'ensemble des titres choisis, un plus grand pouvoir prédictif que le modèle d'Arrow-Debreu, ou du moins l'algorithme proposé pour l'estimer. Il est à noter que des travaux récents beaucoup plus sophistiqués que notre algorithme ont proposé des méthodes alternatives pour calculer le prix des titres contingents. Le modèle CAPM se révèle donc plus performant pour évaluer les rendements des titres que le modèle d'Arrow-Debreu estimé à l'aide de l'algorithme proposé dans ce travail, ce qui ne signifie pas que le modèle d'Arrow-Debreu est nécessairement inférieur au CAPM. D'autres algorithmes d'estimation du prix des titres contingents plus performants pourraient permettre de surclasser le CAPM.

Annexe

Annexe # 1 : Tableau de normalité

(H_0 : La série est normale)

		Score	P-Value	Passé le test à $\alpha = 5\%$?
IBM	Jarque-Bera	0.44	80.3%	VRAI
	Shapiro-Wilk	0.97	68.1%	VRAI
General E (GE)	Jarque-Bera	1.68	43.2%	VRAI
	Shapiro-Wilk	0.95	21.7%	VRAI
Hewlett PQ (HPQ)	Jarque-Bera	0.71	70.2%	VRAI
	Shapiro-Wilk	0.98	83.5%	VRAI
Ford Motors (FM)	Jarque-Bera	2.79	24.8%	VRAI
	Shapiro-Wilk	0.94	10.0%	VRAI
Apple (APP)	Jarque-Bera	2.79	24.8%	VRAI
	Shapiro-Wilk	0.94	10.0%	VRAI
Caterpillar (CAT)	Jarque-Bera	3.33	18.9%	VRAI
	Shapiro-Wilk	0.92	2.5%	FAUX
AT&T (ATT)	Jarque-Bera	1.04	59.3%	VRAI
	Shapiro-Wilk	0.96	34.9%	VRAI
Intel Corp (INTC)	Jarque-Bera	1.54	46.4%	VRAI
	Shapiro-Wilk	0.97	44.8%	VRAI
Bank of america (BOA)	Jarque-Bera	0.35	83.8%	VRAI
	Shapiro-Wilk	0.97	51.9%	VRAI
Disney (DISN)	Jarque-Bera	0.89	64.1%	VRAI
	Shapiro-Wilk	0.98	73.7%	VRAI

Annexe # 2 : Étapes de calcul du rendement d'AD (World Disney béta annuel, 1985).

Tableau montrant les étapes de calcul du rendement R_{AD}^i d'Arrow Debreu

	Les États de la nature			volatilité = 0,031				T = 1 an Variance=0,00097		CAPM	Prob	Prob ajusté	Arrow-Debreu
	Rendement												$R_{AD}^i =$
États	Rendement cond.	RM	E_s	E_{s+1}	$d2(E_s)$	$d2(E_{s+1})$	$N(d2(E_s))$	$N(d2(E_{s+1}))$	P_s	R_{sj}	$P_{s'}(1+RM)$	πs (pi s)	Somme $(\pi_s \cdot R_{sj})$
1	-40%	-30%	-0.35	0.6	0.7	18.795	13.844	1.000	1.000	0.000	-0.662	0.000	0.000	0.000
2	-30%	-20%	-0.25	0.7	0.8	13.844	9.554	1.000	1.000	0.000	-0.488	0.000	0.000	0.000
3	-20%	-10%	-0.15	0.8	0.9	9.554	5.771	1.000	1.000	0.000	-0.315	0.000	0.000	0.000
4	-10%	0%	-0.05	0.9	1	5.771	2.387	1.000	0.992	0.008	-0.142	0.007	0.007	-0.001
5	0%	10%	0.05	1	1.1	2.387	-0.674	0.992	0.250	0.688	0.032	0.722	0.713	0.023
6	10%	20%	0.15	1.1	1.2	-0.674	-3.469	0.250	0.000	0.232	0.205	0.267	0.280	0.055
7	20%	30%	0.25	1.2	1.3	-3.469	-6.040	0.000	0.000	0.000	0.379	0.000	0.000	0.000
8	30%	40%	0.35	1.3	1.4	-6.040	-8.421	0.000	0.000	0.000	0.552	0.000	0.000	0.000
9	40%	50%	0.45	1.4	1.5	-8.421	-10.637	0.000	0.000	0.000	0.725	0.000	0.000	0.000
											99.68%	100.00%	7.70%

Annexe # 3 : Étapes de calcul du rendement d'AD (World Disney béta unique, 1985)

Tableau montrant les étapes de calcul du rendement R^i_{AD} d'Arrow Debreu

T = 1 an
volatilité = 0.1694
Variance = 0.02870

	Les États de la nature										CAPM	Prob	Prob ajusté	Arrow-Debreu
		Rendements												
États	Rendement Cond.	RM	E_s	E_{s+1}	$d2(E_s)$	$d2(E_{s+1})$	$N(d2(E_s))$	$N(d2(E_{s+1}))$	P_s	R_{sj}	$P_s*(1+RM)$	π_s (pi s)	$R^i_{AD}=$ Somme (π_s, R_{sj})
1	-40%	-0.35	0.6	0.7	3.372	2.462	0.999	0.993	**0.006**	-0.404	0.004	0.004	-0.002
2	-30%	-0.25	0.7	0.8	2.462	1.674	0.993	0.953	**0.037**	-0.291	0.028	0.029	-0.008
3	-20%	-0.15	0.8	0.9	1.674	0.979	0.953	0.836	**0.108**	-0.179	0.092	0.095	-0.017
4	-10%	-0.05	0.9	1	0.979	0.357	0.836	0.639	**0.183**	-0.066	0.173	0.179	-0.012
5	0%	0.05	1	1.1	0.357	-0.206	0.639	0.418	**0.205**	0.047	0.215	0.222	0.010
6	10%	0.15	1.1	1.2	-0.206	-0.719	0.418	0.236	**0.169**	0.160	0.195	0.201	0.032
7	20%	0.25	1.2	1.3	-0.719	-1.192	0.236	0.117	**0.111**	0.272	0.138	0.143	0.039
8	30%	0.35	1.3	1.4	-1.192	-1.629	0.117	0.052	**0.060**	0.385	0.081	0.084	0.032
9	40%	0.45	1.4	1.5	-1.629	-2.036	0.052	0.021	**0.029**	0.498	0.043	0.043	0.021
											96.87%	100.00%	9.62%

Annexe #4 : Évolution du rendement observé des différents actifs utilisés dans le modèle

Date	Rendement Marché	Rendement sans risque	Rendement	Rendement	Rendement	Ford Motors	Apple	Caterpillar	ATT	Intel Corp. (INTC)	Bank Of America	Disney
	Rm	Rf en %	en %	en %	en %	Ri en %	Ri en %	Ri en %	Ri en %	Ri en %	Ri en %	Ri en %
Année	Rm	Rf	IBM	GE	HPQ	FM	APP	CAT	ATT	INTC	BOA	DISN
1985	26,33%	7,48%	26,29%	28,48%	8,49%	27,12%	-24,46%	35,48%	20,85%	4,46%	26,13%	88,52%
1986	14,62%	5,98%	-22,83%	18,21%	13,95%	45,47%	84,09%	-4,46%	31,29%	-28,21%	-4,97%	52,82%
1987	2,03%	5,78%	-3,75%	2,62%	39,10%	34,00%	107,41%	54,52%	-8,13%	89,29%	-19,77%	37,39%
1988	12,40%	6,67%	5,52%	1,42%	-8,58%	34,00%	-4,17%	2,62%	17,45%	-10,38%	57,97%	10,97%
1989	27,25%	8,11%	-22,77%	44,13%	-11,27%	45,47%	-12,42%	9,04%	58,20%	45,26%	69,72%	70,34%
1990	-6,56%	7,49%	20,05%	-11,05%	-32,54%	-38,97%	21,99%	-18,79%	-12,33%	11,59%	-50,54%	-9,38%
1991	26,31%	5,38%	-21,24%	33,33%	78,82%	5,63%	31,10%	-6,65%	15,40%	27,27%	77,60%	12,81%
1992	4,46%	3,43%	-43,40%	11,76%	22,59%	52,44%	5,99%	22,22%	14,51%	77,55%	26,46%	50,22%
1993	7,06%	3,00%	12,16%	22,66%	13,06%	50,44%	-51,05%	65,97%	12,16%	42,53%	-4,62%	-0,87%
1994	-1,54%	4,25%	30,09%	-2,74%	26,42%	-13,57%	33,33%	23,88%	-2,71%	3,02%	-7,91%	7,92%
1995	34,11%	5,49%	24,32%	41,18%	67,71%	3,59%	-18,27%	6,58%	41,80%	77,69%	54,29%	27,99%
1996	20,26%	5,01%	65,80%	37,33%	20,00%	11,69%	-34,51%	28,09%	-9,39%	130,73%	40,39%	18,47%
1997	31,01%	5,06%	38,12%	48,42%	24,13%	50,58%	-37,13%	28,90%	41,20%	7,30%	24,42%	41,94%
1998	26,67%	4,78%	76,22%	39,01%	9,52%	20,85%	211,90%	-5,15%	46,42%	68,77%	-1,13%	-9,09%
1999	19,53%	4,64%	17,02%	51,72%	66,51%	-9,16%	151,15%	2,31%	-9,09%	38,85%	-16,53%	-2,50%
2000	-10,14%	5,82%	-21,21%	-7,07%	-44,51%	-56,04%	-71,06%	0,53%	-2,05%	-26,96%	-8,59%	-1,07%
2001	-13,04%	3,39%	42,31%	-16,39%	-34,92%	-32,93%	47,23%	10,44%	-17,97%	4,62%	37,22%	-28,40%
2002	-23,37%	1,60%	-35,93%	-39,25%	-15,48%	-40,84%	-34,57%	-12,50%	-30,79%	-50,49%	10,52%	-21,28%
2003	26,38%	1,01%	19,59%	27,23%	32,32%	72,04%	49,13%	81,58%	-3,84%	105,84%	15,61%	43,04%
2004	8,99%	1,37%	6,37%	17,82%	-8,71%	-8,50%	201,36%	17,45%	-1,15%	-27,02%	16,85%	19,16%
2005	3,00%	3,15%	-16,62%	-3,97%	36,53%	-47,27%	123,26%	18,49%	-4,97%	6,71%	-1,79%	-13,78%
2006	13,62%	4,73%	18,19%	6,16%	43,87%	-2,72%	18,01%	6,16%	45,98%	-18,87%	15,69%	42,97%
2007	3,53%	4,35%	11,27%	-0,38%	22,55%	-10,39%	133,47%	18,31%	16,25%	31,65%	-23,94%	-5,81%
2008	-38,49%	1,37%	-22,15%	-56,30%	-28,11%	-65,97%	-56,91%	-38,44%	-31,42%	-45,01%	-65,33%	-29,71%
2009	23,45%	0,15%	55,54%	-6,60%	41,94%	336,68%	146,90%	27,58%	-1,65%	39,15%	6,96%	42,13%
2010	12,78%	0,14%	12,12%	20,89%	-18,27%	67,90%	53,07%	64,34%	4,82%	3,09%	-11,42%	16,31%
2011	0,00%	0,05%	25,29%	-2,08%	-38,81%	-35,91%	25,56%	-3,27%	2,93%	15,31%	-58,32%	-0,03%
2012	13,41%	0,09%	4,17%	17,20%	-44,68%	20,35%	31,40%	-1,09%	11,47%	-14,97%	108,81%	32,77%
2013	29,60%	0,06%	-2,08%	33,54%	96,35%	19,15%	5,42%	1,34%	4,30%	25,87%	34,11%	53,44%
2014	11,39%	0,03%	-14,46%	-9,85%	43,42%	0,45%	37,72%	0,79%	-4,47%	39,82%	14,90%	23,29%

Annexe #5 : Rendements estimés des titres (béta unique, IBM)

	CAPM (Rest) (1)	Rendement obs sur le marché (Ri) (2)	Rendement Arrow-Debreu Rs (3)	MAE		RMSE	
				Écart absolu Rest-Ri (5)=(1)-(2) CAPM	Écart absolu R^i_{AD} - Ri (6)=(3)-(2) Arrow-Debreu	Carré écart CAPM	Carré écart Arrow-Debreu
1985	19.07%	26%	8.65%	7.22%	17.64%	0.52%	3.11%
1986	11.29%	-23%	7.22%	34.12%	30.05%	11.64%	9.03%
1987	3.47%	-4%	7.03%	7.22%	10.78%	0.52%	1.16%
1988	10.19%	6%	7.88%	4.67%	2.36%	0.22%	0.06%
1989	19.88%	-23%	9.24%	42.65%	32.01%	18.19%	10.25%
1990	-1.15%	20%	8.66%	21.20%	11.39%	4.49%	1.30%
1991	18.25%	-21%	6.65%	39.49%	27.89%	15.59%	7.78%
1992	4.06%	-43%	4.79%	47.46%	48.19%	22.53%	23.22%
1993	5.50%	12%	4.37%	6.66%	7.79%	0.44%	0.61%
1994	0.69%	30%	5.57%	29.40%	24.52%	8.64%	6.01%
1995	23.08%	24%	6.76%	1.24%	17.56%	0.02%	3.08%
1996	14.38%	66%	6.30%	51.42%	59.50%	26.44%	35.41%
1997	21.01%	38%	6.35%	17.11%	31.77%	2.93%	10.10%
1998	18.24%	76%	6.08%	57.98%	70.14%	33.62%	49.20%
1999	13.79%	17%	5.94%	3.23%	11.08%	0.10%	1.23%
2000	-3.99%	-21%	7.07%	17.22%	28.28%	2.96%	8.00%
2001	-6.71%	42%	4.75%	49.02%	37.56%	24.03%	14.11%
2002	-13.75%	-36%	2.99%	22.18%	38.92%	4.92%	15.15%
2003	16.61%	20%	2.69%	2.98%	16.90%	0.09%	2.86%
2004	6.05%	6%	2.67%	0.32%	3.70%	0.00%	0.14%
2005	3.06%	-17%	3.83%	19.68%	20.45%	3.87%	4.18%
2006	10.19%	18%	5.42%	8.00%	12.77%	0.64%	1.63%
2007	3.85%	11%	5.81%	7.42%	5.46%	0.55%	0.30%
2008	-23.13%	-22%	3.96%	0.98%	26.11%	0.01%	6.82%
2009	14.47%	56%	2.11%	41.07%	53.43%	16.86%	28.55%
2010	7.91%	12%	1.63%	4.21%	10.49%	0.18%	1.10%
2011	0.02%	25%	1.58%	25.27%	23.71%	6.39%	5.62%
2012	8.28%	4%	1.57%	4.11%	2.60%	0.17%	0.07%
2013	18.22%	-2%	1.56%	20.30%	3.64%	4.12%	0.13%
2014	7.01%	-14%	1.54%	21.47%	-16.00%	4.61%	2.56%
			Moyenne	20.51%	22.36%	26.79%	29.03%

Annexe #6 : Rendements estimés des titres (béta annuel, IBM)

	CAPM (r estimé) (1)	Rendement observé IBM (Ri) (2)	Rendement Arrow Debreu Rs (3)	MAE Écart absolu Rest-Ri (5) =(1)-(2) CAPM	MAE Écart absolu R^i_{AD} - Ri (6) =(3)-(2) ADebreu	RMQE Carré écart CAPM	RMQE Carré écart Adebreu
1985	26.43%	26%	7.61%	0.14%	18.68%	0.00%	3.49%
1986	8.80%	-23%	6.16%	31.63%	28.99%	10.00%	8.40%
1987	2.93%	-4%	6.68%	6.68%	10.43%	0.45%	1.09%
1988	16.46%	6%	6.61%	10.94%	1.09%	1.20%	0.01%
1989	26.85%	-23%	8.49%	49.62%	31.26%	24.62%	9.77%
1990	0.00%	20%	7.84%	20.05%	12.21%	4.02%	1.49%
1991	14.89%	-21%	5.58%	36.13%	26.82%	13.05%	7.19%
1992	3.58%	-43%	3.59%	46.98%	46.99%	22.07%	22.08%
1993	8.01%	12%	5.02%	4.15%	7.14%	0.17%	0.51%
1994	-2.53%	30%	4.75%	32.62%	25.34%	10.64%	6.42%
1995	17.56%	24%	5.30%	6.76%	19.02%	0.46%	3.62%
1996	26.06%	66%	5.37%	39.74%	60.43%	15.79%	36.52%
1997	16.10%	38%	5.25%	22.02%	32.87%	4.85%	10.81%
1998	25.54%	76%	5.38%	50.68%	70.84%	25.69%	50.19%
1999	32.30%	17%	5.33%	15.28%	11.69%	2.33%	1.37%
2000	-14.26%	-21%	6.45%	6.95%	27.66%	0.48%	7.65%
2001	-20.95%	42%	4.12%	63.26%	38.19%	40.02%	14.59%
2002	-48.78%	-36%	2.54%	12.85%	38.47%	1.65%	14.80%
2003	10.41%	20%	1.17%	9.18%	18.42%	0.84%	3.39%
2004	10.49%	6%	2.84%	4.12%	3.53%	0.17%	0.12%
2005	2.84%	-17%	5.45%	19.46%	22.07%	3.79%	4.87%
2006	17.79%	18%	5.13%	0.40%	13.06%	0.00%	1.71%
2007	3.48%	11%	4.81%	7.79%	6.46%	0.61%	0.42%
2008	-42.08%	-22%	1.93%	19.93%	24.08%	3.97%	5.80%
2009	3.72%	56%	0.23%	51.82%	55.31%	26.86%	30.59%
2010	7.97%	12%	0.38%	4.15%	11.74%	0.17%	1.38%
2011	0.03%	25%	0.12%	25.26%	25.17%	6.38%	6.33%
2012	14.33%	4%	0.33%	10.16%	3.84%	1.03%	0.15%
2013	39.12%	-2%	0.38%	41.20%	2.46%	16.97%	0.06%
2014	0.37%	-14%	0.03%	14.83%	14.49%	2.20%	2.10%
				22.16%	23.63%	28.31%	29.26%

Annexe #7 : Béta annuel du titre IBM (1985-2014)

	SP500	Rendement	Taux sans risque	Prix	Rendement			
	Close Price	marché	Rf	IBM	observé IBM	CovVar(Rm,Rf)	Var(Rf)	bêta i
1985	211.28	26.33%	0.0748	155.5	26%	0.00097	0.00097	1.0056
1986	242.17	14.62%	0.0598	120	-23%	0.00086	0.00265	0.3261
1987	247.08	2.03%	0.0578	115.5	-4%	0.00669	0.00880	0.7602
1988	277.72	12.40%	0.0667	121.875	6%	0.00147	0.00086	1.7087
1989	353.4	27.25%	0.0811	94.125	-23%	0.00121	0.00124	0.9792
1990	330.22	-6.56%	0.0749	113	20%	0.00148	0.00278	0.5330
1991	417.09	26.31%	0.0538	89	-21%	0.00090	0.00197	0.4543
1992	435.71	4.46%	0.0343	50.375	-43%	0.00007	0.00046	0.1444
1993	466.45	7.06%	0.03	56.5	12%	0.00036	0.00029	1.2345
1994	459.27	-1.54%	0.0425	73.5	30%	0.00111	0.00095	1.1717
1995	615.93	34.11%	0.0549	91.375	24%	0.00010	0.00023	0.4219
1996	740.74	20.26%	0.0501	151.5	66%	0.00131	0.00095	1.3806
1997	970.43	31.01%	0.0506	209.25	38%	0.00089	0.00208	0.4255
1998	1229.23	26.67%	0.0478	184.375	76%	0.00391	0.00412	0.9483
1999	1469.25	19.53%	0.0464	215.75	17%	0.00261	0.00141	1.8574
2000	1320.28	-10.14%	0.0582	85	-21%	0.00303	0.00241	1.2582
2001	1148.08	-13.04%	0.0339	120.96	42%	0.00496	0.00335	1.4814
2002	879.82	-23.37%	0.016	77.5	-36%	0.00735	0.00364	2.0175
2003	1111.92	26.38%	0.0101	92.68	20%	0.00038	0.00103	0.3706
2004	1211.92	8.99%	0.0137	98.58	6%	0.00052	0.00044	1.1967
2005	1248.29	3.00%	0.0315	82.2	-17%	0.00102	0.00050	2.0375
2006	1418.3	13.62%	0.0473	97.15	18%	0.00040	0.00027	1.4689
2007	1468.36	3.53%	0.0435	108.1	11%	0.00083	0.00078	1.0598
2008	903.25	-38.49%	0.0137	84.16	-22%	0.00454	0.00417	1.0901
2009	1115.1	23.45%	0.0015	130.9	56%	0.00065	0.00424	0.1530
2010	1257.64	12.78%	0.0014	146.76	12%	0.00192	0.00309	0.6197
2011	1257.6	0.00%	0.0005	183.88	25%	0.00078	0.00207	0.3747
2012	1426.19	13.41%	0.0009	191.55	4%	0.00101	0.00094	1.0691
2013	1848.36	29.60%	0.0006	187.57	0.23%	0.00079	0.00060	1.3221
2014	2058.9	11.39%	0.0003	160.44	0.29%	0.00002	0.00054	0.0299

Appendice

Appendice 1: Définition des concepts

1. Marché financier

Le marché financier est le lieu de rencontre entre les offreurs de capitaux (les épargnants) et les demandeurs de capitaux (les investisseurs). Sur ce marché, le taux d'intérêt d'équilibre ou nominal est déterminé par la loi de l'offre et de la demande de capitaux. C'est donc un marché financier sur lequel des agents économiques publics ou privés négocient des titres financiers, des matières premières et autres actifs, à des prix qui sont déterminés par la loi de l'offre et de la demande. Les marchés financiers, de manière générale, facilitent la collecte du surplus des agents à capacité de financement et canalisent cette épargne qui est utilisée à des fins d'investissements. Ils facilitent également le transfert des risques financiers sur les marchés des produits dérivés. Il existe différents types de marchés financiers dépendamment de la durée des transactions :

- le marché des actions;
- le marché des obligations;
- **le marché monétaire qui permet l'emprunt et l'investissement**
 à court terme;
- et d'autres marchés comme celui des produits dérivés (options, futures et les contrats à terme) et le marché des changes où s'échangent des devises (Forex en anglais).

2. Marché complet versus marché incomplet

Un marché est dit complet s'il n'existe aucune opportunité d'arbitrage et si tous les droits conditionnels sont accessibles. Le marché est complet si tout actif conditionnel (actif contingent) est simulable. Un actif conditionnel est simulable (ou atteignable) s'il existe une stratégie admissible dégageant un certain profit dont la valeur à la date N est h. Par exemple, une option européenne qui est assujettie à un titre sous-jacent particulier, est un actif conditionnel simulable, c'est-à-dire un produit qui est échangé entre deux agents économiques (un acheteur et un vendeur) et qui dégage à la date de maturité N un profit positif ou nul ($h \geq 0$). À la date N, si l'option est dans la monnaie (In The Money : ITM), pour un call, le profit conditionnel qui est fonction du prix du sous-jacent S, vaut $h = (S_N^1 - X)^+$ avec X le prix d'exercice de l'option en question. Et dans le cas d'un put, le profit à la date N vaut h = $(X - S_N^1)^+$. Si l'une des conditions ci-dessus n'est pas satisfaite, le marché est dit incomplet.

3. Le principe d'arbitrage en bourse

En finance, la loi du prix unique (LPU) veut que les agents économiques qui agissent sur le marché financier, ne puissent en aucun cas générer des profits s'ils achètent un titre à une période donnée, à un prix faible pour le revendre immédiatement à un prix élevé. En d'autres termes, deux titres ou deux portefeuilles qui génèrent les mêmes revenus doivent avoir le même prix. Les opérations d'arbitrage consistent donc à exploiter de l'inefficience ponctuelle des marchés ou à transférer un risque de marché sur d'autres acteurs. L'activité d'arbitrage consiste par exemple à exploiter les différences de prix sur deux marchés différents pour tirer un profit positif. Cette activité est censée être sans risque, puisqu'elle est réalisée sans aucun coût de transaction. L'espérance mathématique totale découlant de l'ensemble des transactions entre tous les agents économiques, à la fin est supposée nulle (jeu de hasard équitable). Les gains générés par les uns sont compensés en égale proportion par les pertes réalisées par d'autres. En clair cela suppose pour répéter Louis Bachelier (1900) que sur un marché financier donné, à un instant donné, les opérations traitables actuellement ont une espérance mathématique nulle, encore moins celles qui seraient basées sur un mouvement ultérieur des cours. On dit donc qu'il y a « absence d'opportunités d'arbitrage sur le marché ». Cette proposition en effet fait corps à l'une des hypothèses fondamentales posées dans le cadre des modèles d'évaluation des actifs qui stipulent en fait qu'il est impossible de développer une stratégie permettant, pour un coût de transaction nul, de générer un profit positif certain à une date future. Et même s'il en existe poursuivent les auteurs en finance, ces profits d'arbitrage disparaitront du fait de l'existence d'arbitragistes qui en profiteront jusqu'à épuisement complet de ce type de profit.

4. Titre contingent

Un titre contingent est un titre qui existe si certaines conditions sont réalisées. Ce sont donc des titres qui génèrent des flux dépendant des états du monde futur : par exemple 1$ si l'état du monde est réalisé et 0 sinon. Le prix du titre contingent i est le prix que les investisseurs sont prêts à payer pour avoir 1$ dans l'état s et rien dans les autres états. Les titres contingents sont échangés sur des marchés contingents. Un marché contingent est un marché où l'on échange des titres ou biens contingents.

5. Risques

Les risques sont des événements aléatoires négatifs ayant une certaine probabilité d'occurrence et qui ont un impact néfaste sur la réalisation d'une activité financière donnée. Il existe plusieurs types de risque notamment les suivants : risque de marché, risque de crédit, risque de change, risque opérationnel, risque politique, etc. Il convient de développer des stratégies efficaces pour bien les gérer en vue de minimiser leur impact lors de la prise de toute décision financière.

6. Risque neutre

L'univers risque neutre est un univers dans lequel tous les agents économiques sont indifférents face au risque. Dans cet univers, ils ne réclament de prime pour le risque qu'il encoure puisqu'ils y sont neutres. Ici, la rentabilité espérée μ de toute action d'investir dans un actif donné, est alors celle du taux sans risque r_f qui s'assimile au taux plancher offert par l'État quand il emprunte sur le marché financier. Étant donné que l'État est le seul agent économique qui peut prélever des impôts pour réduire le plus bas possible le risque d'insolvabilité, le taux qu'il propose donc pour effectuer ses emprunts est appelé taux sans risque. L'évaluation de tout actif dans cet univers consiste essentiellement à prévoir les flux futurs que génère cet actif et l'actualiser au taux sans risque.

7. Probabilité risque-neutre

Une des conséquences des hypothèses de non arbitrage et de complétude des marchés est l'existence et l'unicité à équivalence près d'une mesure de probabilité dite *probabilité martingale* ou « probabilité risque-neutre » telle que le processus des prix actualisés des actifs ayant une source de risque commune est une martingale[6] sous cette probabilité. Cette probabilité peut s'interpréter comme celle qui régirait le processus de prix des sous-jacents de ces actifs si l'espérance du taux de rendement de ceux-ci était le taux d'intérêt sans risque (d'où le terme risque-neutre: aucune prime n'est attribuée à la prise de risque).

---

[6] Un processus stochastique est une martingale par rapport à un ensemble d'information si son espérance en date t conditionnelle à l'information disponible en date $s < t$ est égale à la valeur du processus en date s, c'est-à-dire qu'un processus A_u est une martingale si l'espérance conditionnelle de A_t par rapport à la filtration $\mathcal{F}_s$ est A_s, c'est-à-dire : $\mathbb{E}[A_t \; \mathcal{F}_s] = A_s$.

8. Prime de risque

La prime de risque désigne l'excédent de prime sur le taux de rendement sans risque exigé par un investisseur afin de compenser un niveau de risque supérieur à la moyenne. Ainsi, la demande pour les actifs risqués est moins forte que ceux ayant un risque modéré ou sans risque. En conséquence, les investisseurs exigent pour décider d'investir dans un actif financier quelconque que le rendement espéré dépasse celui d'un investissement non risqué, c'est-à-dire l'achat de bonds émis par l'État.

9. Produit dérivé

On appelle produit dérivé tout contrat dérivé (contrats à terme, options, swaps) ou instrument financier dont la valeur fluctue en fonction de l'évolution du prix d'un autre produit appelé sous-jacent (actions, indices, devises). Le placement ne requiert aucun placement initial et est réglé à une date future.

10. Option

En finance de marché, une option est un produit dérivé, qui établit un contrat d'acheter (option d'achat ou call en anglais) ou de vendre (option de vente ou put) un certain titre sous-jacent à une date future. L'acheteur ou le vendeur de l'option obtient le droit, et non l'obligation, d'acheter (call) ou de vendre (put) l'actif sous-jacent à un prix fixé à l'avance (strike ou prix d'exercice), pendant un temps donné ou à une date fixée appelée maturité de l'option. Ce contrat peut se faire soit à des fins de spéculation pour générer des profits ou à des fins d'assurance en vue de se protéger contre un éventuel risque prédéfini.

11. Volatilité

La volatilité (en finance) représente le degré de variation du cours d'un actif financier durant une période donnée. Elle permet de manière générale de mesurer ou de quantifier le niveau de risque de l'actif financier en question. Une volatilité élevée, indique une plus grande possibilité de gain mais aussi la possibilité de perdre est importante également. On utilise plus fréquemment la notion de volatilité pour des oscillations de courte période (court terme) que pour les grandes fluctuations boursières sur plusieurs années. On utilise de préférence le terme de cycles boursiers pour qualifier ces dernières. En réalité, le terme de volatilité concerne aussi bien le court terme que le moyen ou le long terme.

12. Distribution normale

La loi normale est l'une des lois de probabilité utilisée pour modéliser des phénomènes naturels issus de plusieurs événements aléatoires. Elle est aussi appelée loi gaussienne. Cette loi dépend de deux paramètres clés : l'espérance de la variable aléatoire X, μ et l'écart type σ. La densité de probabilité de la loi normale est définie ainsi:

$$f(x) = \frac{1}{\sigma\sqrt{2\pi}} e^{-\frac{1}{2}(\frac{x-\mu}{\sigma})^2}$$

La courbe de cette densité est une *courbe en cloche*. Si X suit une loi normale, de paramètres μ et σ^2, donc peut s'écrire ainsi : X ~ (μ, σ^2). On utilise la table de cette loi pour estimer les probabilités N (d1) et N (d2) rencontrés dans la formule de Black-Sholes.

Skewness (moment d'ordre 3)

Le skewness, aussi appelé, paramètre de forme, est la mesure d'asymétrie de la distribution des séries autour de la moyenne. Notons S cette statistique. En général, si S = 0, la distribution est symétrique comme pour la loi normale. Si S > 0 l'asymétrie de la distribution est positive, la queue de la distribution sera plus grosse ou plus longue vers la droite. On dira que la densité de la distribution est concentrée plus vers la droite. Si le coefficient est négatif (S < 0), la queue de la distribution est plus grosse ou plus longue vers la gauche. Soit la variable aléatoire réelle Y d'espérance $\bar{Y}$ et d'écart pe σ, le coefficient d'asymétrie défini comme le moment d'ordre trois s'écrit ainsi :

$$S = \frac{1}{N} \sum_{i=1}^{N} \left(\frac{y_i - \bar{y}}{\hat{\sigma}} \right)^3$$

Kurtosis (moment d'ordre 4)

Le kurtosis est la mesure du degré d'aplatissement d'une distribution de séries.

En théorie des probabilités et en statistique, le kurtosis correspond à une mesure de l'aplatissement de la courbe de distribution d'une variable aléatoire donnée. C'est aussi un autre paramètre de forme. Il mesure, le degré de regroupement des masses de probabilité autour de leur centre. La formule est donnée ainsi :

$$K = \frac{1}{N} \sum_{i=1}^{N} \left(\frac{y_i - \bar{y}}{\hat{\sigma}} \right)^4$$

Un coefficient d'aplatissement élevé indique que la distribution est plutôt pointue en sa moyenne, et a des queues de distribution épaisses. La distribution peut être platicurtique si $K < 3$.

Elle est **mésokurtique** si K tourne autour de 3 comme pour la distribution normale et leptokurtique si k est largement supérieur à 3. Dans ce dernier cas, les séries présentent des queues très épaisses par rapport à celles de la distribution gaussienne.

Test de normalité

Utilisé pour savoir si la distribution est normalement distribuée, le test statistique Jarque Bera, mesure la différence entre le skewness et le kurtosis de la série et les valeurs des statistiques rencontrées pour une distribution normale. La statistique est calculée de la façon suivante :

$$JB = \frac{N-k}{6}\left(S^2 + \frac{1}{4}(K-3)^2\right)$$

Sous l'hypothèse nulle d'une distribution normale, la statistique JB suit une loi X^2 avec 2 degrés de libertés. La probabilité calculée représente une probabilité pour laquelle la valeur tabulée de JB en valeur absolue dépasse celle calculée sous l'hypothèse nulle. Une valeur faible de probabilité conduit à rejeter l'hypothèse nulle d'une distribution normale au détriment de l'hypothèse alternative qui sous tend que la distribution des séries n'est pas gaussienne.

Test de Shapiro-Wilk

En statistique, le test de Shapiro–Wilk, publié en 1965 par Samuel Shapiro et Martin Wilk teste l'hypothèse nulle (H_0) selon laquelle un échantillon $x_1, ..., x_n$ est issu d'une population normalement distribuée. Il peut être interprété avec un Q-Q plot (diagramme quantiles-quantiles) ou droite de Henry. Pour ce faire, on construit deux distributions : une dite observée ou empirique et une autre dite théorique ou normale. Si les points de la série empirique tombe exactement ou presque sur la droite de Henry, on dit que la série empirique suit dans ce cas une loi gaussienne.

Appendice 2 : Le modèle de Black-Scholes

1. Introduction

Dans la section précédente, nous avons présenté quelques concepts utilisés dans le modèle de Black-Sholes. Nous savons que le cours de l'actif sous-jacent (S_T) est caractérisé comme étant une variable aléatoire au cours du temps. On peut donc le modéliser par un processus stochastique d'évolution qui peut être soit discret soit continu[7]. En clair, S_T peut s'écrire comme étant une suite de variables aléatoires en fonction du temps. Pour bien saisir la notion d'évaluation des produits dérivés notam-

---

[7] En temps discret, les changements de valeur de la variable stochastique se réalisent à des dates prévues au cours du temps. En temps continu, la variable peut prendre des valeurs à n'importe quel moment. Dans ces conditions, la probabilité d'obtenir une valeur donnée est généralement nulle et les probabilités d'apparition doivent être remplacées par des densités de probabilités dans la formule de la propriété markovienne.

ment les options, il est primordial de chercher d'abord à comprendre les propriétés de ce processus. Soulignons pour les besoins de simplification que les cours étant des variables continues naturellement, toute tendance à les considérer comme étant une variable discrète, n'est qu'une approximation grossière de la réalité.

1.1. Quelques propriétés du processus stochastique

1.1.1. La propriété de Markov

Un processus de Markov est un cas particulier de processus stochastique pour lequel seule la valeur présente d'une variable est utile pour anticiper sa distribution future. En général, les cours des options suivent des processus de Markov. Donc il n'est pas nécessaire de considérer le prix de l'action de la semaine passée pour prédire son prix futur qui est perçu comme incertain donc exprimé sous forme de distribution de probabilité. Ce qui est tout à fait conforme à la forme faible de l'efficience du marché qui stipule que le cours des actions prend déjà en compte toutes les informations contenues dans l'historique des cours. Partant de ce point de vue, il s'avère donc inefficace dans la pratique, d'utiliser l'analyse technique sur l'évolution des prix passés pour prédire les cours futurs des actifs financiers.

1.1.2 Le processus de Wiener

Le processus de Wiener est un cas particulier du processus de Markov avec une distribution $\mathbf{N}(0,1)$ suivant une loi normale de moyenne 0 et de variance 1 sur une année. Ce processus appelé *mouvement brownien*, est utilisé spécialement en science de la physique pour décrire le mouvement d'une particule sujette à un grand nombre de chocs moléculaires.

Propriété 1

La variation Dz durant un court intervalle de temps de longueur Dt s'écrit : $\Delta z = \varepsilon\sqrt{\Delta t}$
Où ε suit une loi normale $N(0,1)$ de moyenne 0 et de variance 1.

Propriété 2

Les valeurs de Δz pour les deux courts intervalles de temps de longueur Δt sont indépendantes, et donc ne se chevauchent pas (processus de Markov). De manière générale, le processus de Wiener s'écrit sous cette forme :

$$\Delta x = a\Delta t + b\mathcal{E}\sqrt{\Delta t}$$ (a et b étant constants)

a : drift différent de zéro contrairement à l'équation du processus de Wiener standard où ce terme est égal à zéro. Donc x varie positivement en fonction de T. bdz ou $b\mathcal{E}\sqrt{\Delta t}$ représente l'ajout de bruit à la trajectoire suivie par x avec $\mathcal{E}\sqrt{\Delta t}$ étant la quantité de bruit apportée par un processus de Wiener standard.

1.2. Processus d'Itô

Dans l'équation du processus de Wiener général a et b sont des constants. Dans le processus d'Itô, a et b deviennent des paramètres fonction des variables x et t. Ce processus s'écrit ainsi :

$$dx = a(x,t) + b(x,t)\mathcal{E}\sqrt{\Delta t}$$

1.3. Le processus du cours des actions

1.3.1 Hypothèse : Le cours de l'action ne verse pas de dividendes.

Si S est la valeur de l'action à l'instant t, le drift de S est supposé égal à µS. Et pour un intervalle de temps Δt très court, l'espérance de l'augmentation de S vaut µSΔt. µ est le taux de rentabilité espéré de l'action. En période de calmie (volatilité nulle ou σ =0), l'équation du modèle devient :

$\Delta S = \mu S \Delta t$ où $\frac{dS}{S} = \mu dt$ ($\Delta t \to 0$)

Pour t=0 et t = T

$\int_0^T \frac{dS}{S} = \int_0^T \mu dt$ et $S_T = S_0 e^{\mu T}$

S croit donc à un taux composé continu μ par unité de temps. Si la volatilité n'est pas nulle, l'équation du modèle s'écrit alors :

$dS = \mu S dt + \sigma S dz$ avec $(dz)^2 = 0$ et $z \sim \mathbf{N}(0,1)$.

Il s'en suit que $\frac{dS}{S} = \mu dt + \sigma dz$, où μ et σ sont des constantes. Le modèle ainsi présenté est un modèle raisonnable du cours des actions. En utilisant la propriété de log normalité, on peut écrire en faisant le changement de variable suivant : G = ln S :

$$dG = \left(\mu - \frac{\sigma^2}{2}\right) dt + \sigma S dz$$

Et il est facile de démontrer que G suit un processus de Wiener général de drift $\left(\mu - \frac{\sigma^2}{2}\right)$

et de paramètre de variance σ^2. Entre 0 et T, lnS suit une loi normale de moyenne $\left(\mu - \frac{\sigma^2}{2}\right)T$

et de variance $\sigma^2 T$

Avec $\ln S_T = \phi[\ln S_0 + \left(\mu - \frac{\sigma^2}{2}\right)T, \sigma\sqrt{T}]$

Ce qui nous permet d'écrire ce qui suit :

$\ln(\frac{S_T}{S_0}) = \left(\mu - \frac{\sigma^2}{2}\right)T + \sigma\sqrt{T}.Z$

Si on assume que $\mu = r$ le taux de croissance du sous-jacent, alors la probabilité que $S_T > X$ est $P(S_T > X)$ telle que : $P(S_T > X) = P[\ln S_T > \ln X]$

En divisant les deux membres à l'intérieur des crochets par S_0, il vient :

$P(S_T > X) = P[\ln(\frac{S_T}{S_0}) > \ln(\frac{X}{S_0})] =$

$P[\left(\mu - \frac{\sigma^2}{2}\right)T + \sigma\sqrt{T}.Z > \ln(\frac{X}{S_0})]$;

$P(S_T > X) = P[\ln(\frac{S_T}{S_0}) > \ln(\frac{X}{S_0})] =$

$$P[(r - \frac{\sigma^2}{2})T + \sigma\sqrt{T}\, Z > \ln(\frac{X}{S_0})];$$

$$P(S_T > X) = P[\sigma\sqrt{T}\, Z > \ln(\frac{X}{S_0}) - (r - \frac{\sigma^2}{2})T];$$

$$P(S_T > X) = P[Z > \frac{\ln(\frac{X}{S_0}) - (r - \frac{\sigma^2}{2})T}{\sigma\sqrt{T}}] =$$

$$P[Z > - \frac{\ln(\frac{S_0}{X}) + (r - \frac{\sigma^2}{2})T}{\sigma\sqrt{T}} = -d_2]\ ;\ \text{et donc}$$

$$P(S_T > X) = P[Z < d_2]$$

Et finalement nous pouvons écrire :

$$P(S_T > X) = P[Z < d_2] = N(d_2)$$

$$\text{Avec } d_2 = \frac{\ln(\frac{S_0}{X}) + (r - \frac{\sigma^2}{2})T}{\sigma\sqrt{T}}$$

Rappelons que si l'option est dans la monnaie, la probabilité pour que cet événement ait lieu est donnée par la formule suivante :

$$P(S_T > X) = P(Z < d_2)$$

$$= \frac{1}{\sqrt{2\pi}} \int_{-\infty}^{d_2} e^{-\frac{1}{2}z^2} dz = N(d_2)$$

$$E[S_T / S_T > X] = \int_{-\infty}^{d_2} S_T \, n(z) \, dz$$

avec $n(z) = \frac{1}{\sqrt{2\pi}} e^{\frac{-z^2}{2}}$

et

$$E[S_T / S_T > X] =$$

$$\int_{-\infty}^{d_2} S_0 \, e^{\left(r - \frac{1}{2}\sigma^2\right)T + \sigma\sqrt{T}\,z} \cdot \frac{1}{\sqrt{2\pi}} e^{\frac{-z^2}{2}} \, dz$$

$$E[S_T / S_T > X]$$

$$= S_0 e^{rT} \frac{1}{\sqrt{2\pi}} \int_{-\infty}^{d_2} e^{\left(-\frac{1}{2}\sigma^2 T + \sigma\sqrt{T}\,z - \frac{z^2}{2}\right)} dz$$

$E[S_T/\,S_T > X]$

$$= S_0 e^{rT} \frac{1}{\sqrt{2\pi}} \int_{-\infty}^{d_2} e^{-\frac{1}{2}(z-\sigma\sqrt{T})^2} dz$$

$E[S_T/\,S_T > X] = S_0 e^{rT}[1 - \frac{1}{\sqrt{2\pi}} \int_{-\infty}^{-d_2} e^{-\frac{1}{2}(z-\sigma\sqrt{T})^2} dz$

En faisant le changement de variable suivant : $a = z - \sigma\sqrt{T}$, avec $da = dz$ et $a = -d_2 - \sigma\sqrt{T}$), on peut écrire :

$E[S_T/\,S_T > X = S_0 e^{rT}[1 - \frac{1}{\sqrt{2\pi}} \int_{-\infty}^{-d_2 - \sigma\sqrt{T}} e^{-\frac{1}{2}(a)^2} da\,]$

En posant $d_1 - d_2 = \sigma\sqrt{T}$,

Finalement, il vient :

$E[S_T/\,S_T > X] = S_0 e^{rT}[1 - \frac{1}{\sqrt{2\pi}} \int_{-\infty}^{-d_1} e^{-\frac{1}{2}(a)^2} da\,]$

$E[S_T/\,S_T > X] = S_0 e^{rT}[\frac{1}{\sqrt{2\pi}} \int_{-\infty}^{d_1} e^{-\frac{1}{2}(a)^2} da]$

$E[S_T/\,S_T > X] = S_0 e^{rT} N(d_1)$

Avec $N(d_1) = \frac{1}{\sqrt{2\pi}} \int_{-\infty}^{d_1} e^{-\frac{1}{2}(a)^2} da$

1.3.2. Évaluation du prix d'une option et la formule de Black-Scholes

Hypothèses

1. Pas d'impôt
2. Pas de frais de transaction
3. Possibilité de vendre à découvert l'actif sous-jacent
4. Les taux d'intérêt ou taux sans risque sont constants ou du moins déterministes
5. Le marché est permanent donc fonctionne 24/24. Ce qui suppose que S_T est une fonction continue.
6. Tous les sous-jacents sont parfaitement divisibles; ce qui veut dire qu'il est possible d'acheter 1/100e d'action sur le marché.

7. L'action ne paie pas de dividendes entre le moment de l'évaluation de l'option et sa maturité.

"La valeur du call est la valeur présente de la probabilité de hausse de S_T au delà de X multipliée par le gain espéré en cas de hausse au delà de X". D'où, en séparant l'expression en deux :

Call = e^{-rT} [P (S_t >X) . S_T si S_T>X] - e^{-rT} [P (S_T >X).X]
Si on note l'espérance du cours du sous-jacent S_T (si S_T>X);
E [S_T si S_T>X] = [P (S_T >X) . S_T si S_T>X]
Alors, Call = e^{-rT} E [S_T si S_T>X] - e^{-rT} [P (S_T >X).X]

Et en remplaçant E [S_T si S_T>X] et [P (S_t >X).X] par leur valeur trouvée plus haut, il vient :

Call = c = $e^{-rT} S_0 e^{rT} N(d_1)$ - $e^{-rT} X N(d_2)$ ou
c = $S_0 N(d_1)$ - $X e^{-rT} N(d_2)$ Avec

$$d_2 = \frac{\ln\left(\frac{S_0}{X}\right) + \left(r - \frac{\sigma^2}{2}\right)T}{\sigma\sqrt{T}} = d_1 - \sigma\sqrt{T}$$

Et $d_1 = \dfrac{\ln\left(\frac{S_0}{X}\right) + \left(r + \frac{\sigma^2}{2}\right)T}{\sigma\sqrt{T}}$

Avec S_0 : prix de l'actif sous-jacent

X : le prix d'exercice de l'actif

r : le taux sans risque[8]

T : la maturité de l'option (en année)

1.3.3 Interprétation de N (d_1) et de N (d_2)

N (d_2) représente la probabilité dans l'univers "risque neutre" que l'option soit dans la monnaie à l'échéance (probabilité risque-neutre d'exercer l'option d'achat de l'actif (call). Et $X.N(d_2)$ est donc l'espérance de décaissement à l'échéance ou

---

[8] Un risque est défini comme un sinistre ou un événement négatif avec une certaine probabilité d'occurrence qui a un impact négatif sur l'action entreprise par un investisseur sur le marché financier. Le taux sans risque est le taux de croissance R_f des bonds du Trésor ou le taux que l'État emprunte pour financer ses dépenses.

la valeur attendue non actualisée du prix d'exercice pour une option d'achat (call). N (d_1) représente le delta de l'option qui est toujours positive. Donc le prix du call dépend du prix du sous-jacent et augmente quand ce dernier augmente.

Le prix d'une option de vente (ou put) se déduit à partir du prix du call par la relation parité Call – put de la façon la suivante :

Prix du put = Prix du call – S_0 + valeur actuelle risque neutre du prix d'exercice

où: $P = C - S_0 + X e^{-rT}$

$P = S_0 N(d_1) - X e^{-rT} N(d_2) - S_0 + X e^{-rT}$

$P = - S_0 [1 - N(d_1)] + X e^{-rT} [1 - N(d_2)]$

D'où $P = X e^{-rT} N(-d_2) - S_0 N(-d_1)$

Avec $1 - N(d_1) = -d_1$ et $1 - N(d_2) = -d_2$

Le delta du put est négatif c'est-a-dire que le prix du put dépend négativement du prix du sous-jacent. Donc, plus le prix du sous-jacent augmente et moins il est intéressant d'exercer le put.

Appendice 3 : Le modèle CAPM ou MEDAF

Le **modèle d'évaluation ou d'équilibre des actifs financiers** (MEDAF), « *Capital Asset Pricing Model* (CAPM) » en anglais a été introduit d'abord par Harry Markowitz (1954) puis par Jack Treynor (1962), William Sharpe (1964), John Lintner (1965) et Jan Mossin (1966). Il permet d'estimer le taux de rentabilité espéré d'un actif financier en fonction de sa prime de risque.

Le MADAF ou *Capital Asset Pricing Model* explique la réalisation de l'équilibre du marché par l'offre et la demande pour chaque titre financier. Il permet en fait de déterminer la rentabilité d'un actif risqué[9] par sa prime de risque ou risque systématique qui est la différence entre le risque du marché et le taux

---

[9] Les actifs risqués ne sont rien d'autre que des actions alors que les actifs sans risque correspondent au x dépôts bancaire à terme fixe ou les bons du Trésor à trois mois.

sans risque. Ceci étant dit, le MEDAF permet de répondre à une série de questions notamment celles qui consistent à déterminer le choix d'un investisseur individuel entre détenir l'actif sans risque et déterminer le « panier risqué ».

Les hypothèses du modèle

Les hypothèses théoriques qui sous-tendent le MEDAF sont les suivantes :

1. Les coûts de transaction, les taxes, plus-values ou de dividendes sont supposés non nuls. Un investisseur peut acheter ou vendre à découvert[10] n'importe quelle action sans

---

[10] La vente à découvert consiste à vendre à terme un actif que l'on ne possède pas le jour où cette vente est négociée mais qu'on se met en mesure de détenir le jour où sa livraison est prévue. L'actif vendu à découvert est généralement un titre, mais on peut aussi vendre des devises ou des matières premières à découvert. Après la vente à découvert, si l'on prévoit que la valeur de l'actif va baisser, le vendeur peut le racheter au comptant et dégager une plus-value. Le gain potentiel est limité à la valeur de l'actif. Si, à l'inverse, elle monte, le vendeur s'expose à un risque de perte illimitée, tandis qu'un acheteur ne peut pas perdre plus que sa mise de fonds. Le vendeur à découvert a ce que l'on appelle

que cela ait une incidence sur le prix de l'action.

2. Les agents ou les investisseurs apprécient des rendements élevés mais n'apprécient pas le risque donc ils sont averses au risque.

3. Les investisseurs ont le même horizon temporel.

4. Tous les investisseurs ont des anticipations homogènes sur les rendements anticipés et les variances et covariances entre les différents rendements. Ils détiennent tous les mêmes proportions des actifs risqués et ceci quelles que soient leurs préférences.

5. Les investisseurs utilisent la diversification pour contrôler ou réduire autant que possible le risque sur le portefeuille détenu.

---

une *position courte*, à l'opposé du détenteur d'un titre, qui a une *position longue*.

6. Les investisseurs peuvent prêter ou emprunter de l'argent autant qu'ils le souhaitent, au taux sans risque.

La formule proposée est une fonction :

$ER^i = r_f + \beta^i (ER^M - r_f)$

- ER^i la rentabilité espérée de l'actif i,
- ER^M, la rentabilité espérée du portefeuille du marché,
- r_f le taux d'intérêt sans risque (emprunts d'État ou bons du trésor)
  - $(ER^M - r_f)$ la prime de risque du marché, c'est-à-dire le surplus de rentabilité exigé par les investisseurs pour placer leur argent sur le marché, plutôt que dans un actif sans risque;

β^i est la volatilité de la rentabilité de l'actif considéré par rapport à celle du marché. Mathématiquement il est défini comme le rapport de la covariance de la rentabilité de l'actif i noté (R^i) avec celle du marché (R^M) et de la variance de la rentabilité du marché. Elle est calculée ainsi :

$$\beta^i = \frac{Cov\,(R^M, R^i)}{var\,(R^M)}\ .$$

Le coefficient β^i correspond aussi à l'élasticité du cours du titre i par rapport à l'indice boursier représentant le marché, dans notre cas le S&P500. Il mesure en conséquence le risque systématique ou risque de marché considéré comme un risque dit incompressible. C'est un risque qui dépend des évènements comme les catastrophes naturels par exemple affectant quelque soit le titre composant un portefeuille. On le définit aussi de la façon suivante :

$$\beta^i = \frac{\partial \sigma_i}{\partial \sigma_M} \cdot \frac{\sigma_i}{\sigma_M}$$

Où σ_M est l'écart-type de R^M et σ_i le risque de l'actif i. β^i est égal à 1 pour un actif représentant le marché et 0 pour un actif sans risque. Selon la relation du bêta de l'action de la firme i noté β^i on constate :

- qu'il dépend de la covariance entre le rendement sur le titre i et le rendement du portefeuille de marché,
- qu'il est inversement relié à la variance du portefeuille de marché.

Finalement, nous pouvons dire que le MEDAF tout d'abord nous renseigne que la prime de risque qui est la différence entre le rendement espéré du marché et le taux sans risque est positive de manière à encourager les investisseurs qui ont une certaine aversion au risque à détenir le portefeuille du marché des actifs risqués alors qu'ils pourraient gagner plus s'ils choisissent d'investir toute sa richesse dans les actifs sans risque.

Références

1) Banz,Rolf W. (University of British Columbia) and Merton Miller (University of Chicago), Prices of State-contingent Claims: Some Estimates and applications, Journal of Business 51, no. 4, 653-672, Octobre 1978.

2) Breeden Douglas (University of Chicago) and Robert H. Litzenberger (Stanford University), Prices of State-contingent claims implicit in Option Prices, Journal of Business, Volume 51, 621-651, Octobre 1978.

3) Copeland/Western, Financial Theory and Corporate Policy, chapitre 5 (State preference theory), 7 (Market Equilibrium: CAPM et APT) et 8 (Pricing Contingent Claims: Options Pricing Theory and Evidences), 3ème édition, Wesley,1988

4) Cox, John, and Stephen Ross, The valuation of options for alternative stochastic processes, Journal of Financial Economics 3, 145-166, 1976.

5) Hal R. Varian, University of Michigan, Le principe d'arbitrage en économie financière, du journal of Economics Perspectives, 1 P. 55-72, no 2, 1987

6) Isabelle Cadoret, Catherine Benjamin, Franck Martin, Nadine Herrard, Steven Tanguy, , Économétrie appliquée, Méthodes, applications, Corrigés, DeBroeck, 2ème édition, 2009

7) John Hull, Patrick Roger, Christophe Hénot, Laurent Deville, Options, futures et autres actifs dérivés, Pearson, 9ème édition, 2014

8) Joseph Than (Duke University), Risk neutral valuation, A Gentle Introduction, 2001

Jean Philippe Jousseaume : « Paradoxe sur le calcul des options – Extensions des modèles ». Revue Banque & Marchés no 8 – 1998 et AFIR IV – Orlando, Avril 1994

9) Keith Cuthbertson, , Économie financière quantitative, actions, obligations et taux de change, Willey Journal, 2000.

10) Louis Bachelier, Théorie de la spéculation, Annales scientifiques de l'É.N.S 3è série, tome 17, p. 21-86. 1900

11) Mark Rubinstein, Implied Binomial Trees, University of California, the Journal of finance, Vol. LXIX No 3 July 1994

12) Mark Rubinstein, Option pricing: A simplified approach, the Journal of financial Economics 7, 229-263, 1979

13) P. Dagnélie, Théorie et méthodes statistiques. Éditions J. Duculot, 1969

14) Darrell Duffie, Dynamic Asset Pricing Theory, Princeton, second edition, 1996

15) UQO, Notes de cours du professeur d'ingénierie financière, automne 2014.

www.ingramcontent.com/pod-product-compliance
Lightning Source LLC
Chambersburg PA
CBHW060349190526
45169CB00002B/540